Jeanne d'Arc.

RELATION

DE LA FÊTE INAUGURALE

CÉLÉBRÉE A DOMREMY, LE 10 SEPTEMBRE 1820,

EN L'HONNEUR

DE **JEANNE D'ARC**;

SUIVIE

DE DEUX DISSERTATIONS SUR L'AUTHENTICITÉ DE LA MAISON
DE L'HÉROÏNE ET SUR LES MONUMENS ANCIENNEMENT
ÉRIGÉS A SA GLOIRE DANS LA PROVINCE DE LORRAINE;

PAR Mr. C. N. Al. De HALDAT,

Docteur en médecine, Membre de plusieurs Sociétés savantes.

NANCY,

DE L'IMPRIMERIE DE Cl.-J. HISSETTE,
RUE DE LA HACHE, N° 53.

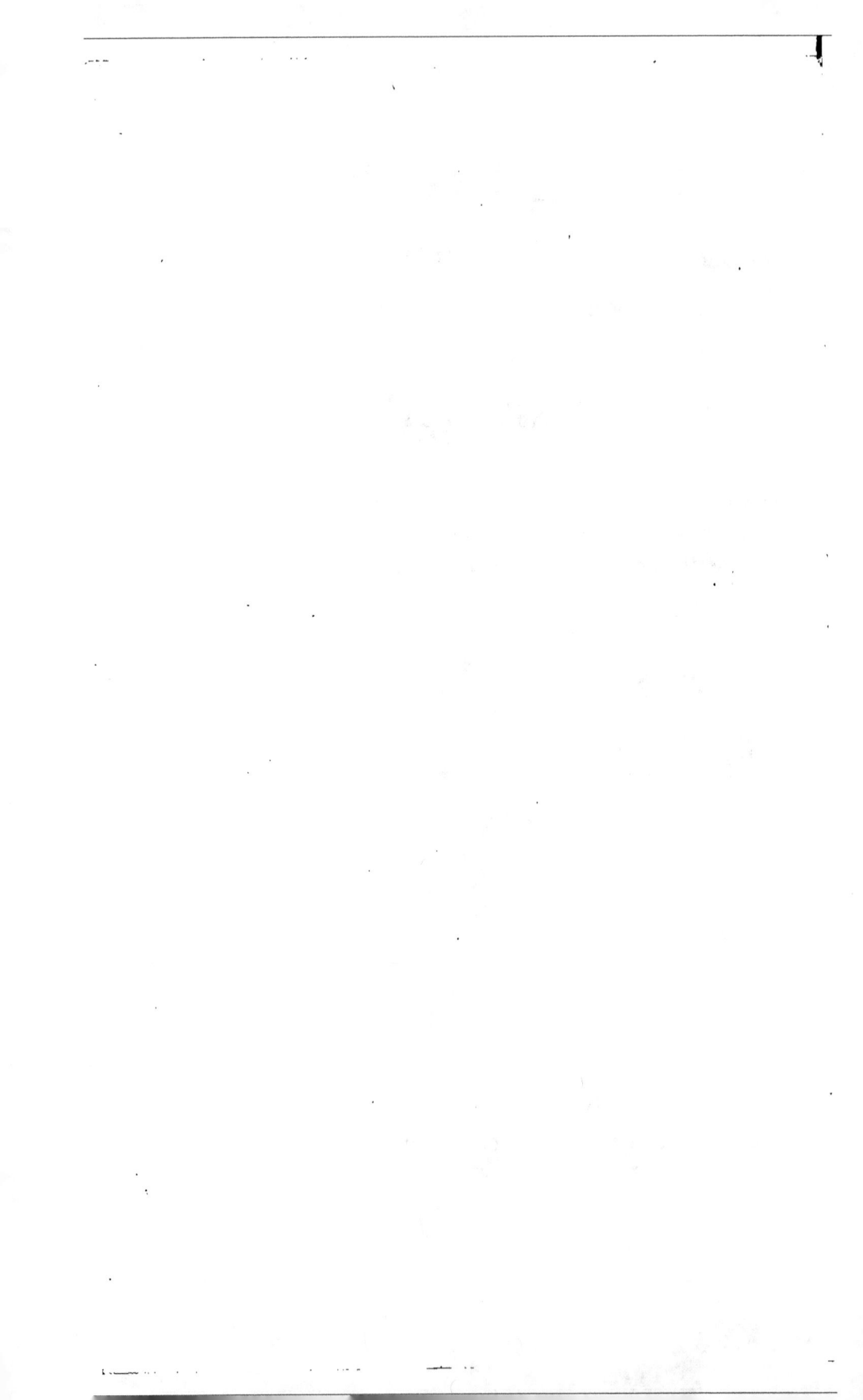

A Monsieur

Boula de Couloumbiers, Maître
des Requêtes, Préfet du dép.¹ des Vosges,

&

A Messieurs les Membres

composant le Conseil général du même
Département.

Messieurs,

Les généreux sentiments que vous avez mani-
festés en sauvant d'une destruction imminente la
chaumière de Jeanne d'Arc, vous ont mérité les éloges de toute la France. Cette noble
entreprise conduite à une heureuse fin par les
efforts réunis du talent & du zèle le plus digne
de la reconnaissance publique, m'a procuré
l'honneur de célébrer les vertus de notre héroïne. Permettez-moi de vous en témoigner
ma reconnaissance à la tête d'un ouvrage

principalement destiné à conserver le souvenir de la solennité qui a terminé les travaux dont l'exécution unit à jamais le nom de l'héroïne du 15.e siècle & celui du département des Vosges.

J'ai l'honneur d'être, avec la plus haute & respectueuse considération,

Messieurs,

Votre très-humble & très-obéissant serviteur,

C.-N.-Al.^{dre} de Haldat.

RELATION

DE LA FÊTE INAUGURALE

CÉLÉBRÉE LE 10 SEPTEMBRE 1820,

EN L'HONNEUR

DE JEANNE D'ARC.

Personne ne peut maintenant ignorer les circonstances qui ont déterminé le vœu patriotique, formé par le Conseil général du département des Vosges pour la restauration de la chaumière où est née l'héroïne de Domremy et l'érection de monumens à sa mémoire. Quoiqu'il y ait eu quelques variations dans les récits qui ont paru, on est généralement d'accord que l'origine en remonte à des propositions faites par un étranger à M.ᵣ Gérardin, propriétaire de cette maison, pour obtenir de lui la pierre sculptée qui formait le ceintre de sa porte d'entrée et la statue mutilée qui la surmontait. Quel que soit le nom de cet étranger, quelles qu'aient été ses propositions, il est certain qu'elles ont servi de texte à M.ᵣ Muel, propriétaire à Sion, arrondissement de Neufchâteau, pour représenter au Conseil général du département des Vosges, dont il est membre, la nécessité de pourvoir à la conservation de ces restes précieux. Cette proposition était trop honorable au pays

pour ne pas être accueillie. Elle obtint des applaudissemens universels. Appuyée par M.ᵣ le duc de Choiseul, président de cette assemblée lors de la session
de 1818, elle devint l'objet d'une résolution qui
consacra des fonds à l'acquisition de la maison de
Jeanne d'Arc.

Les ministres d'un monarque, dont les pensées ne
sont pas moins dirigées vers la prospérité publique que
vers la gloire du nom français, ne se contentèrent pas
d'applaudir au vœu éminemment patriotique du département des Vosges; ils le présentèrent à S. M. qui voulut
concourir avec ses sujets à la conservation de la glo-
rieuse chaumière et à l'érection d'un monument local
depuis si long-temps réclamé par la reconnaissance.
Pour donner plus d'éclat à sa munificence, à côté du
monument matériel, Sa Majesté ordonna l'érection
d'un monument moral, en fondant une école destinée
à répandre l'instruction et à développer le germe des
vertus parmi les jeunes filles de la patrie de Jeanne.
Huit mille francs furent consacrés à la dotation de cette
école, douze mille aux constructions, et les autres
dépenses restèrent à la charge du département des
Vosges.

Les fonds nécessaires à l'établissement ainsi assurés,
M.ᵣ Jollois, secrétaire de la commission pour l'exécution du grand ouvrage sur l'Égypte et ingénieur en chef
du Département, fut chargé de proposer les plans
et de diriger les travaux. Le concours d'un artiste
aussi distingué, et d'un savant aussi zélé pour la gloire
nationale, était une nouvelle garantie qui assurait le
succès de l'entreprise. Le projet obtint l'approbation du Conseil des bâtimens, et les travaux furent

poussés avec tant d'intelligence et d'activité, qu'en moins d'une année on vit s'élever l'édifice destiné à l'exécution des volontés bienfaisantes du monarque, à côté du monument consacré à la gloire de l'héroïne, et sa chaumière sortir des ruines qui l'environnaient depuis si long-temps.

Le succès avec lequel M.ʳ Jollois répondit à l'attente du public et à la confiance de l'administration dans cette entreprise, le zèle qu'il fait éclater de nouveau pour la gloire de l'héroïne, en lui consacrant un second monument non moins digne d'elle, mais plus durable encore ' ; ses recherches savantes sur les antiquités de la maison de Jeanne d'Arc, sembleraient lui avoir acquis le droit exclusif de décrire l'état de cette chaumière avant sa restauration, les travaux entrepris pour la tirer de ses ruines et pour la lier à l'édifice destiné à l'enseignement des jeunes filles de Domremy, de détailler enfin toutes les constructions dues à son talent. D'après ces considérations, j'aurais donc renoncé à mon entreprise, si le grand ouvrage, où il a rassemblé tout ce qui doit illustrer la patrie de notre héroïne, pouvait être entre les mains de tous ceux qui la visiteront, et s'il ne leur était nécessaire d'en avoir quelques notions particulièrement utiles à l'intelligence de la fête dont nous voulons conserver le souvenir.

La chaumière de Jeanne d'Arc, aujourd'hui comprise dans l'enceinte de l'école royale de Domremy, était autrefois masquée au nord et au midi par des

---

' Histoire abrégée de la vie et des exploits de Jeanne d'Arc, suivie d'une notice sur le monument érigé à sa mémoire à Domremy, avec fig., in-f.°

habitations rustiques qui appartenaient à la même rue. En avant elle était cachée par celle du sieur Gérardin, dont elle faisait le second corps de logis, que sépare du premier une cour très-resserrée. Au-dessus de la porte de sa nouvelle maison, dont la façade avait le même alignement que le bâtiment de l'école, M.ᵉ Gérardin père, par qui elle avait été construite, avait placé le ceintre de la porte de la chaumière de Jeanne d'Arc, et par-dessus une statue de l'héroïne. Trois chambres de peu d'étendue, converties en étable et en cellier, étaient tout ce qui dans ce lieu rappelait la mémoire de l'illustre Jeanne. Mais de glorieux souvenirs se ratta-chaient à ces ruines, et plusieurs étrangers de distinc-tion avaient pour elles une telle vénération, qu'ils vou-lurent posséder quelques fragmens des matériaux qui les composaient ; les poutres de la cuisine et les côtés de la porte offrent encore des traces de ces honorables dégradations, que l'architecte a respectées dans ses travaux comme autant de témoins de leur illustration.

Pénétré de l'importance de conserver à la maison de Jeanne d'Arc son caractère d'antiquité, l'artiste a soigneusement évité toute construction inutile. Il s'est borné à la démasquer en démolissant les masures qui l'enveloppaient, à rendre à la porte le ceintre qui la caractérisait, et à rétablir, en son lieu, la che-minée transportée par M.ᵉ Gérardin père dans son nouveau bâtiment. Le crépissage nécessaire à la con-servation des murs, la restauration de la toiture et des planchers forment donc tous les travaux exécutés pour la conservation de cet édifice rustique. Isolé de toute part, il s'offre maintenant sans obstacle aux regards des curieux toujours frappés de l'irrégularité de sa construction et de son exiguité, qui forme un contraste singulier avec la célébrité dont il jouit.

Ce qui attire particulièrement l'attention et qui est en effet digne de la fixer comme type caractéristique du monument, c'est le ceintre de la porte où se trouvent les preuves les plus irrécusables de l'authenticité de l'édifice. Les sculptures en bas-relief dont il est chargé présentent trois écussons et trois inscriptions. Celui qui en occupe le centre offre les armes de France; le second, à droite, les armoiries données à la famille d'Arc par Charles VII. L'épée couronnée qui occupe le centre de l'écusson rappelle les exploits de l'héroïne, et les fleurs de lys qui l'accompagnent, la reconnaissance du monarque. Le troisième écusson à gauche a été le sujet de différentes interprétations : les uns ont voulu y voir trois fers de lance, d'autres trois fers de flèche, élémens des armoiries attribuées à la famille d'Arc ; d'autres enfin trois fers de charrue qu'ils regardaient comme l'emblême de la profession agricole de Jacques d'Arc, père de l'héroïne, mais qui n'offre en effet que le signe de l'alliance du possesseur de la maison illustrée avec la famille de Thiéselins, comme je le prouverai ailleurs.

Les inscriptions forment trois lignes : la première, placée au-dessous des écussons aux armes de France, se compose de ces mots: *Vive le Roi Loïs ;* la seconde, au-dessous de ce même écusson, porte la date du monument en 1461, qui nous indique que le prince dont il est question dans la première est Louis XI, vengeur de la mémoire de Jeanne ; enfin la troisième, au-dessus de la date, offre ces mots: *Vive labeur.* Elle est surmontée d'une gerbe liée d'un sarment. Ces trois écussons sont compris dans une double courbe en ogive de laquelle partent d'autres moulures qui, par leur réunion, forment trois cases pour les écussons et les inscriptions. Ces sculptures ont été altérées pendant la révolution; mais les traces en étaient si distinctes qu'il était facile de les réparer, et cette réparation a été exécutée avec succès, au moyen du mastic de Dyl qui leur a rendu toute leur saillie, sans en altérer la forme caractéristique. Ce sont là sans doute les objets qui frappèrent Montaigne quand il visita Domremy; car on n'a retrouvé aucun vestige des peintures que son récit semble indiquer.

L'intérieur de la maison se compose de trois pièces, dont la première, qui est la plus étendue, servait de cuisine et communiquait avec les deux autres. Elle n'offrait avant la restauration aucune particularité remarquable, si ce n'est une petite armoire de pierre de taille, prise dans l'épaisseur du mur, en face de la cheminée; c'est dans cette pièce que se remarquent principalement, sur les solives du plafond et les montans de la porte, les dégradations faites par les curieux qui ont voulu posséder quelques fragmens d'une cabane qui leur inspirait tant d'intérêt. ¹ C'est aussi dans cette pièce qu'a été placée la table de marbre sur laquelle est gravée l'inscription destinée à transmettre à la postérité le souvenir des travaux entrepris et des monumens élevés à Jeanne d'Arc : « L'an 1411 naquit en ce

---

¹ On rapporte que le prince Ferdinand de Prusse, passant à Domremy en 1815, visita la maison de Jeanne d'Arc; qu'il s'y prosterna en disant: *Je te salue, demeure d'un héros!* et que s'étant relevé, il cassa lui-même un morceau de la voussure de la porte d'entrée, qu'il conserve précieusement.

« lieu Jeanne d'Arc, surnommée la Pucelle d'Orléans,
« fille de Jacques d'Arc et d'Isabelle Romée. Pour
« honorer sa mémoire, le Conseil général du dépar-
« tement des Vosges a acquis cette maison, le Roi en
« a ordonné la restauration, y a fondé une école d'ins-
« truction gratuite en faveur des jeunes filles de Dom-
« remy, de Greux, et a voulu qu'une fontaine, ornée
« du buste de l'héroïne, perpétuât son image et l'ex-
« pression de la reconnaissance publique. Les ouvra-
« ges ont été achevés le 18 août 1820 ». Cette chambre sera aussi décorée du tableau donné par le Roi,
dans lequel M.ʳ Laurent, artiste originaire de Nancy,
et l'un des peintres les plus distingués de la capitale,
a représenté, avec le charme d'un pinceau suave et vi-
goureux, Jeanne d'Arc dans un oratoire dédié à la
Sainte Vierge, devant l'image de laquelle elle est placée,
un genou en terre et appuyée sur l'épée qu'elle a consacrée à la délivrance de son pays. Elle demande à son
auguste protectrice les dons de sagesse et de force nécessaires au succès de son entreprise héroïque. Les
deux autres pièces, plus étroites et moins régulières,
n'offrent de remarquable que les débris d'un four qui
a servi aux usages des descendants de Jeanne d'Arc. La
figure mutilée qui avait été posée par M.ʳ Gérardin
père, au-dessus de la porte de sa maison, sera probablement placée dans la même chambre, quand, ren-
due à son premier état par la main d'un artiste habile,
elle pourra être exposée aux regards du public. Enfin
M.ʳ Cherrier, sous-préfet de Neufchâteau, a eu l'heureuse idée de déposer dans cette même chambre un
album destiné à conserver les noms des curieux qui
visiteront l'illustre chaumière.

La maison d'école, dont l'enceinte comprendre celle de Jeanne d'Arc, est d'une construction simple, mais très-convenable à l'usage auquel elle est destinée. Elle fait face à la nouvelle place où s'élève la fontaine consacrée par le département des Vosges à la gloire de son illustre compatriote. Cette fontaine est de tous les monumens celui qui fixe les premiers regards; sa position, au centre de la place, offre en effet le coup-d'œil le plus pittoresque. Soit qu'on le considère de la maison d'école, ou de la rue, dans la partie voisine de l'église, il se dessine de la manière la plus avantageuse sur les massifs de verdure formés par les vergers qui entourent la place, et par les saules qui bordent les rives de la Meuse, dont les eaux coulent au bas du mur opposé au midi.

M.ʳ Jollois, que des études approfondies de l'architecture égyptienne ont porté vers le beau et le grand, a réuni dans le monument confié à ses soins la plus grande sévérité des formes à la plus grande solidité qu'il soit possible d'obtenir avec les matériaux du pays. Sur une base quadrilatère s'élèvent quatre prismes quadrangulaires qui supportent une couverture à deux pans, avec deux frontons où sont inscrits les noms de l'héroïne du département des Vosges. C'est sous cet abri qu'est placée sur un cippe l'image de Jeanne d'Arc donnée par le Roi. Dans ce buste d'albâtre, qui est l'ornement principal du monument, M.ʳ Le Gendre Héral [1] a reproduit l'image de la Pucelle d'Orléans sous les traits d'une femme jeune, forte et remplie d'un saint et généreux enthousiasme. De longs cheveux flottent sur ses

[1] Professeur de sculpture à l'école des Beaux-Arts de Lyon.

épaules, et sa tête est couverte de cette toque à pana-
che avec laquelle elle a été représentée par les artistes
qui ont vécu à l'époque où ses traits étaient encore
présens à la mémoire de ses contemporains.

La réserve avec laquelle l'artiste a employé les ornemens, ne plaira peut-être pas aux personnes qui ne
voient dans l'architecture que des moulures et des
broderies ; mais elle aura l'approbation de tous ceux
qui ont le sentiment de la convenance dans les arts.
L'architecte a épargné les ornemens, pour ne pas
distraire le spectateur des sentimens qu'il doit éprouver à l'aspect d'un monument qui rappelle de glorieux
souvenirs et de graves pensées. Il les a épargnés pour
affermir contre les injures du temps et les atteintes de
l'ignorance une construction exécutée avec des matériaux dont la texture trop faible ne pourrait les conserver long-temps dans leur intégrité. Enfin il a dû se
montrer économe d'ornemens qui auraient contrasté
défavorablement avec la simplicité des édifices rustiques environnants.

Un monument élevé à la gloire de l'héroïne, martyre
de son dévouement à la patrie, aurait perdu beaucoup
de son influence morale, s'il n'eût été en même temps
consacré à l'utilité publique. L'artiste a satisfait à toutes les convenances en le convertissant en une fontaine
publique dont les eaux sont prises près d'une source
qui porte encore le nom de Jeanne d'Arc. Elles sont
amenées par une file de conduits au centre de la place
où elles ont leur écoulement à la base du piédestal,
en face de la rue et de la maison d'école. Ces eaux sont
reçues dans un réservoir pour en rendre l'usage plus
commode, et ensuite versées dans un canal souterrain
qui les porte à la Meuse.

M.ʳ Jollois ne s'est pas contenté de lier avec une grande solidité toutes les parties de la fontaine héroïque, il a encore voulu opposer aux ravages du temps une précaution plus efficace, pour transmettre à la postérité le souvenir de la généreuse entreprise du département des Vosges et de la munificence du Monarque : il a fait sceller dans le centre du massif qui forme la base de la fontaine, une boîte de plomb soudée dans laquelle sont renfermés les meilleurs ouvrages et les principales médailles consacrées à la gloire de l'héroïne, avec des pièces de monnaie du règne actuel, accompagnées de l'inscription suivante : « l'an de grâce MDCCCXX, « le xxv.ᵉ jour du mois de Juin, sous le règne de « S. M. Louis XVIII, on a posé la première pierre « de la fontaine monumentale érigée à la mémoire de « Jeanne d'Arc. M.ʳ Boula de Coulombiers, maître des « requêtes, était préfet du département des Vosges ; « M.ʳ Cherrier, sous-préfet de l'arrondissement de « Neufchâteau ; et M.ʳ Humblot, maire de Domremy. « Le Conseil général du département des Vosges était « composé de MM. le duc de Choiseuil, pair de « France, Sautre, Lemarquis, d'Hennezel, Drouel, « Derazey, Muel, Vaulot, Husson, le comte Bour- « cier de Villers, Fallacieu, Champy de Bruyères, « de Bazelaire, Hugo. M.ʳ Jollois, ingénieur en chef « des Vosges, a été chargé de rédiger les projets du « monument et d'en suivre l'exécution ».

Tels sont les ouvrages qui ont été exécutés à Domremy, sous la direction et d'après les plans de M.ʳ Jollois. Le sieur Roussel, entrepreneur, de Gondrecourt, a conduit les travaux avec tant d'intelligence et d'activité, que toutes les constructions ont été ache-

vées en huit mois. C'est alors que l'époque de l'inauguration s'approchant, M.ʳ le préfet des Vosges, qui
avait apporté à cette entreprise les soins d'un excellent
citoyen et d'un administrateur zélé, conçut l'heureuse
idée de la célébrer par une fête champêtre qui devait
être un nouvel hommage à l'héroïne et une époque
historique dans le pays. Ce projet, approuvé par le Gouvernement, fut bientôt connu du public et accueilli
avec un enthousiasme aussi honorable au patriotisme
des habitans de la Province, qu'au Département qui
a eu le mérite de l'exciter. L'affluence prodigieuse
des personnes animées de prendre part à la fête dont
nous allons donner la description, prouvera assez que
cet enthousiasme n'est pas une fiction de l'historien,
comme il n'est que trop commun dans les récits de ce
genre.

Parmi les villes voisines de la patrie de Jeanne d'Arc,
la capitale de l'ancienne Lorraine manifesta des premières l'intention d'assister, par représentation, à une solennité qu'elle regardait comme un triomphe commun
à la Province entière. Tout fesant prévoir que l'affluence serait considérable, l'administration dut prendre les mesures indispensables pour parer aux dangers de l'encombrement. Le maire de Domremy en
annonçant la fête par un placard, fit connaître l'ordre auquel les spectateurs seraient astreints ; en même
temps M.ʳ le préfet des Vosges en arrêta le plan,
fit publier le prospectus, et chargea M.ʳ Gérardin,
maire de Neufchâteau, de diriger les préparatifs.
L'activité de cet administrateur applanit les difficultés
que le manque de beaucoup d'accessoires et la brièveté du temps opposaient à l'exécution. Son imagina-

tion féconde sut tirer de ces difficultés mêmes des ressources qui n'ont pas fait moins d'honneur à son goût qu'à son zèle. Le programme dont il avait conçu les principales dispositions, et les invitations de M.^r le préfet, déterminèrent les villes à former promptement les députations qui devaient les représenter. La ville de Nancy désigna M.^r le marquis de Raigecour, membre du Conseil municipal, et Mr J.-B.-Alex. de Haldat Dulys, auxquels s'adjoignirent Mr Mandel, juge de paix, et Laug, avoué, tous deux membres du Conseil municipal. La Société des Sciences, Lettres et Arts de la même ville députa MM. C.-B.-Alex. de Haldat, chargé de prononcer l'éloge de Jeanne d'Arc, M.^r le général comte Drouot, et Mr Spitz, inspecteur de l'Académie.

D'après l'invitation adressée à la Ville fidèle, dont le nom est inséparable de celui de l'illustre Pucelle, M.^r le vicomte de Riccé, préfet du Loiret, et le Conseil municipal d'Orléans nommèrent, pour les représenter à la fête de Domremy, M.^r le comte de Rocheplatte, maire; M.^r le vicomte de Gremiou, premier adjoint; Mr de Nourry, membre du Conseil municipal. Mr Rabellau, conseiller de préfecture, fut délégué par M.^r le Préfet.

Vaucouleurs, célèbre dans l'histoire de l'héroïne, pour avoir encouragé ses premières démarches par des applaudissemens et avoir fourni aux frais de son équipement quand elle fut envoyée vers Charles VII, composa sa députation de Mr Harmant, maire; de MM. Sincère père et fils; de MM. Georges, Dupont, Derchmitt, Dechilly, membres du Conseil municipal, et de plusieurs habitans notables.

La petite ville de Gondrecourt, voisine du berceau de Jeanne d'Arc, et liée à son histoire pour avoir été depuis long-temps habitée par les descendans de l'un de ses frères, députa M.^r le docteur Roussel, maire; Mr Garnier, médecin, juge de paix du canton; Mr Humblot, notaire, membre du Conseil municipal, et plusieurs notables habitans.

Commercy fut représentée par Mr Denis, rédacteur du Narrateur de la Meuse et membre de plusieurs Sociétés littéraires, que son zèle pour la gloire de l'héroïne appelait si justement à l'honneur de concourir au triomphe qu'on lui préparait : il était accompagné de plusieurs notables de cette ville.

Mirecourt députa Mr Bastien, commandant de la garde nationale et plusieurs notables.

Les Communes rurales environnantes avaient député leurs maires et quelques membres de leurs Conseils municipaux, présidés par Mr Bouchon, juge de paix du canton.

La ville de Neufchâteau qui devait, à cause de son voisinage, être l'ornement principal d'une fête dirigée par ses premiers magistrats, était représentée par Mr Cherrier, sous-préfet de l'arrondissement, officier de la légion d'honneur, par Mr Gérardin, maire de cette ville; par un grand nombre d'habitans notables et par un détachement nombreux de sa Garde nationale.

Le Conseil général du département des Vosges, auquel appartenait le premier rang, avait pour représentans Mr Boula de Coulombiers, maître des requêtes et préfet du département des Vosges; M.^r le duc de Choiseuil, pair de France, président du Conseil général du département; et MM. Muel et Charles d'Hennezel, membres du même Conseil.

Les villages de Domremy et de Greux étaient re-
présentés par leurs maires, par les membres de leurs
Conseils municipaux, et par un grand nombre de
jeunes filles de ces deux communes.

Telles étaient les personnes qui devaient plus particulièrement porter à l'héroïne les hommages du département des Vosges et de la Province entière; mais
un très-grand nombre de magistrats, d'habitans notables, de personnes de tout âge, de tout sexe, se dis-
posaient à augmenter la pompe de son triomphe et à
joindre leurs acclamations aux honneurs publics qu'on
lui préparait. Cependant M.ʳ le maire de Neufchâteau,
directeur de la fête, déployait toutes les ressources de
son imagination pour l'embellir. Les rues étaient tapis-
sées de verdure; une salle de bal était disposée de la
manière la plus élégante; la place de Jeanne d'Arc
était ornée de verdure: un arc de triomphe s'élevait
à l'entrée du pont, en face de la route de Neufchâteau. Ce monument champêtre, formé de feuillage,
était décoré de tableaux transparents, dont le principal
représentait l'héroïne à cheval, telle qu'on la voit en
tête de l'ouvrage de Jean Hordal Dulys, professeur à
Pont-à-Mousson, et publié dans cette ville en 1612.
Ce transparent de grande dimension occupait le fronton
au-dessus de l'arche principale; deux autres offraient
les écussons gravés sur la porte de la maison de la
famille de l'héroïne, et six autres rappelaient les actions les plus remarquables dans lesquelles avait brillé
son courage; enfin une inscription, en très-grands
caractères, annonçait le but de la fête.

Ces ornemens, réunis aux constructions que nous
avons décrites, donnaient au village de Domremy un

aspect très-brillant ; mais c'était dans la prairie , que
M.ʳ Gérardin avait plus particulièrement déployé son
industrieuse activité ; aucun lieu n'était plus convena-
ble à une fête champêtre. Cette prairie, l'une des plus
belles qu'on puisse voir, offre de l'est à l'ouest un tapis
horizontal dont l'étendue est immense. Bornée au
midi et au nord par des coteaux décorés d'une végé-
tation magnifique , elle présente, au couchant, la conti-
nuation de la même vallée ' qui s'incline vers le nord
pour conduire à Vaucouleurs les eaux de la Meuse.
C'est dans cette partie que se trouvent assis , au pied
de coteaux plantés de vigne et dans la position la plus
saine et la plus riante , les deux villages de Domremy
et de Greux. La vue se perd , à l'occident , dans un
horizon qui s'étend vers Neufchâteau et qui se compose
des sites les plus agréables. Le coteau qui est au midi ,
offre à sa base des terres arables ; sa partie moyenne
est occupée par des vignes ; son sommet , couvert de
broussailles et de vieux chênes , indique la place
de cette forêt si célèbre dans l'histoire de Jeanne
d'Arc, sous le nom de Bois-Chenu , ² au bord de laquelle était l'arbre nommé le beau Mai , que les jeunes
filles de Domremy se plaisaient au XVᵉ siècle à décorer
de festons, et à l'ombre duquel elles se livraient à des
jeux innocents. La tradition a conservé le nom de cet
arbre , et un octogénaire m'a assuré que son père l'a-
vait vu debout et lui en avait montré la place encore
distincte.

Vers le milieu du coteau situé au midi , coule la fontaine qui porte le nom de l'héroïne. La chapelle où

---

¹ Val coloré , val fleuri , vau des fleurs , des couleurs.

² Bois-Chenu, Bois-aux-Chênes.

2

l'histoire rapporte qu'elle fesait souvent sa prière, était au-dessus ; mais elle n'est plus que des ruines, empreintes de l'action du feu, qui servit à la détruire au temps où la Lorraine fut dévastée par des bandes suédoises. De la base du même coteau, en approchant du village, le paysage offre le coup-d'œil le plus pittoresque. Cette position n'a pas échappé à M^r. Laurent, auteur du tableau de Jeanne d'Arc et des vues pittoresques des Vosges. Cet artiste en a donné un dessin lithographique très-agréable, qui fait partie de son voyage à Domremy, et qui joint au mérite de l'exactitude celui d'une touche vive et spirituelle. En se prolongeant vers la vallée de Sion, le coteau s'élève et montre dans la position la plus avantageuse le château de Bourlemont. Celui qui est situé au nord, moins riche en souvenirs historiques, a cependant encore un aspect très-agréable. Il est couronné de forêts, couvert de vignobles et orné d'habitations, entre lesquelles se distingue le château du Han, qui domine le vallon de ce côté.

Tel était le lieu rempli de la gloire de l'héroïne, où M^r. Gérardin avait rassemblé les préparatifs de la fête champêtre qui devait succéder à celle de l'inauguration des monuments. Mais pour ne pas en laisser l'étendue indéterminée et réunir les spectateurs dans la partie la plus voisine du village, il l'avait environné de pieux joints entr'eux par une corde continue qui embrassait une enceinte de deux à trois cents toises en quarré. Le côté de la prairie le plus voisin de la route était destiné aux marchands forains. Deux rangées de tentes, dont plusieurs étaient d'une très-grande dimension, formaient une avenue vaste et pittoresque. Plusieurs de ces tentes présentaient aux voyageurs des salons de repos, des lieux d'assemblée ou des hôtelleries ; d'autres étaient réservées aux autorités et aux députations : toutes étaient élégamment décorées de feuillages, de guirlandes de fleurs, et surmontées de pavillons blancs. A l'extrémité de l'enceinte qui avoisinait Neufchâteau, étaient disposées des estrades pour les juges des combats et des jeux de bague. Près de la route étaient les chanteurs ; non loin se trouvaient les ménétriers ; et à l'extrémité de l'enceinte voisine du village, les préparatifs d'un feu d'artifice qui devait terminer la journée.

L'administration avait réuni pour l'embellissement de la fête tous les moyens dont elle pouvait disposer. La police, de son côté, avait mis tous ses soins à en assurer la tranquillité et à procurer aux curieux une entière sécurité par les mesures les plus propres à éviter l'encombrement et les accidents qui peuvent en résulter. Deux parcs étaient préparés aux voitures : l'un, du côté de Neufchâteau, recevait celles qui arrivaient par cette route ; l'autre, du coté de Greux, celles qui venaient de Vaucouleurs et de Gondrecourt ; enfin, il leur était interdit de traverser le village pendant la durée de la fête. Ces mesures d'une sage administration ont été exécutées avec tant de soins, que les plaisirs du public n'ont été troublés par aucun accident.

Tous les préparatifs dont nous venons de parler ont été terminés le 9 septembre, veille de la solennité. Jusqu'alors le buste de l'héroïne avait été caché aux regards du public, et déjà il avait reçu des hommages que nous considérons comme appartenant à l'inauguration. La Légion de la Manche, passant à

Domremy quelques jours avant, le 10 septembre 1821, fit halte pour admirer les monuments. Elle manifesta le désir de contempler l'image de l'héroïne, et lui rendit les honneurs militaires en défilant devant elle au son de la musique, l'étendart déployé. Le chef de ce corps a déposé dans la chambre principale de la maison une inscription sur cuivre qui rappelle l'hommage de ces braves au modèle des héroïnes.

Dans la journée du 9, un grand nombre d'étrangers passèrent à Domremy, et plusieurs s'y arrêtèrent; mais ce fut principalement à Neufchâteau et à Vaucouleurs que se réunirent les curieux et les députations. M. le Préfet des Vosges, M.rs les membres du Conseil général de ce Département et les membres de la Députation de la ville et de l'Académie de Nancy se rendirent à Neufchâteau, où ils furent accueillis avec toutes les grâces possibles par M.r le sous-préfet. La Députation d'Orléans arriva à Vaucouleurs, où elle passa la soirée, occupée, comme elle le rapporte dans le procès-verbal qu'elle a rédigé le 11 septembre et publié à Orléans, à visiter avec une exactitude religieuse tous les lieux que rappelle l'histoire de la libératrice de leur cité; telles que les ruines de l'ancien château occupé à l'époque de la mission de Jeanne par le sire de Baudricourt; les murs d'enceinte de cette ville, qu'elle avait habitée quelques instants; et enfin la maison où l'on dit qu'elle fut reçue avant son départ pour Chinon, si l'on pouvait ajouter foi à la tradition populaire sur ce point.

De grands préparatifs avaient aussi lieu à Neufchâteau. Les marchands affluaient de toute part. La Garde nationale se disposait à se mettre en marche; ce qu'elle effectua le 10 de grand matin, ainsi que le piquet de Gendarmerie envoyé du chef-lieu pour embellir la fête et y faire observer le bon ordre. Dès la pointe du jour, les routes qui aboutissaient à Domremy se couvrirent de voyageurs à pied, à cheval, en voiture, et le nombre en fut si grand que la marche était lente et difficile. La variété des équipages, la plupart champêtres, et du costume des curieux, leur empressement, leur gaîté offrait le tableau le plus piquant et le plus animé. Mais c'était sur-tout aux approches de Domremy qu'il était le plus brillant et le plus pittoresque. A mesure que les voitures arrivaient, elles étaient placées régulièrement dans les parcs établis à l'est et à l'ouest du village. De toute part on voyait les curieux affluer vers les monuments, et les parcourir des yeux avec avidité, sans cependant pouvoir les fixer sur l'image de l'héroïne, qui resta voilée jusqu'au moment de l'inauguration. On les entendait multiplier les questions, célébrer les vertus de Jeanne d'Arc, les nobles sentiments du département des Vosges et les généreuses intentions du Monarque qui avait daigné s'associer à cette entreprise. Pendant que les uns visitaient le village, les monuments et l'église, dont la tour était pavoisée d'un drapeau fleurdelisé, les autres accouraient vers la prairie, et allaient chercher sous les tentes un abri contre l'ardeur du soleil et les rafraîchissements que la chaleur et l'exercice leur avait rendus nécessaires. La Garde nationale obviait par ses soins à l'encombrement des rues, veillait près des parcs et faisait observer l'ordre établi par le directeur de la fête. Cependant la foule augmentait à

chaque instant ; le tableau s'embellissait en se chargeant
de personnages ; trois cents voitures et douze à quinze
mille personnes étaient rassemblées avant midi. L'éclat
d'une réunion si nombreuse , si brillante et animée de
sentiments si unanimes , était encore augmenté par la
beauté du jour : le soleil s'était élevé d'un horizon sans
nuage ; l'air était calme , et la fraîcheur de la prairie
tempérait la chaleur de l'atmosphère ; enfin le ciel
semblait applaudir au triomphe de l'héroïne.

Le milieu du jour approchant , les maires et les
notables des communes environnantes se trouvaient
à Domremy. La Députation d'Orléans , qui avait passé
la matinée à Vaucouleurs , arriva peu de temps avant
midi , escortée jusqu'à la mairie par un piquet de
gendarmerie. Elle y fut reçue par M.ʳ Humblot ,
maire de Domremy , par M.ʳ le directeur de la fête
et par un grand nombre de fonctionnaires. Elle
en sortit bientôt pour visiter la maison de l'héroïne , les monuments élevés à sa gloire et l'église
du village , où se voient encore les armoiries de sa famille. L'heure de la réunion n'étant plus éloignée ,
M.ʳ le préfet des Vosges , M.ʳ le duc de Choiseuil , les
membres du Conseil général du département , M.ʳ le
sous-préfet , M.ʳˢ les membres des Députations de la
Ville et de la Société royale des sciences et belles-
lettres de Nancy , partis de Neufchâteau avant
midi , formaient sur la route un nombreux con-
voi , qui s'arrêta en avant et à quelque distance de
l'arc de triomphe. Les Députations rassemblées à
Domremy s'y étaient rendues , et la réunion générale
se fit dans ce lieu. Après les témoignages de respect,
d'estime et d'amitié , M.ʳ le maire du village adressa

à M. le préfet des Vosges une harangue courte, dans laquelle il exprima avec énergie la reconnaissance de ses administrés, rappela leur antique attachement à la race de St.-Louis, et protesta de leur inaltérable fidélité comme de leur éternelle reconnaissance.

Le cortége formé s'avança, escorté de la Garde nationale, aux acclamations générales, vers la maison d'école, dans laquelle il fut reçu par M.ʳ Muel, membre du Conseil général et chargé de la surveillance de cet établissement. Les jeunes filles des deux villages de Domremy et de Greux s'étaient réunies dans ce lieu: vêtues de blanc, et parées avec autant de modestie que de goût, elles se préparaient à présenter à l'héroïne les hommages et les vœux du canton. Elles se joignirent dès ce moment au cortége dont elles formaient un des principaux ornements. Le tableau de Jeanne d'Arc, peint par M. Laurent, exposé aux regards de l'assemblée, reçut les éloges qu'il mérite, et fut placé au lieu qui lui était destiné. Après quelques instants de repos, le cortége de nouveau formé se dirigea vers l'église, où l'attendait M.ʳ Boucirot, curé cantonnal, assisté des desservans des deux villages. Les Députations, les magistrats et tous les membres du cortége distribués dans les places qui leur étaient assignées, on adressa à l'Éternel le chant de reconnaissance. L'officiant bénit ensuite pour la commune de Domremy un drapeau destiné à rappeler la bannière fameuse dont le seul aspect frappait de terreur les bataillons anglais ; et à cette occasion, ce respectable ecclésiastique adressa à l'assemblée un discours dans lequel il rappela les vertus de l'héroïne et ses exploits merveilleux, qu'il présenta comme les effets de sa foi pure et de son ar-

dente piété. La cérémonie religieuse terminée, M.^r
de Haldat, secrétaire de la Société royale des sciences, lettres et arts de Nancy, et député par elle à la
fête inaugurale, prononça l'éloge historique de la
Vierge d'Orléans, et occupa pendant plus d'une demi-
heure l'assemblée des vertus, des exploits et des
malheurs de cette fille célèbre. Le silence le plus
profond, l'attention la plus soutenue régna pendant
cette lecture, qui ne fut interrompue que par des
témoignages d'admiration pour l'héroïne et par les larmes qu'arrachait le récit de son glorieux supplice.
Dans les descriptions que l'imagination doit embellir, il est des exagérations qui semblent autori-
sées par l'usage, et dont le lecteur prévenu sait d'a-
vance ce qu'il doit retrancher; mais dans le récit que
nous faisons, tout est conforme à la plus exacte vérité.
Nous avons vu sur les visages les signes les moins équivoques d'une profonde émotion, et de vieux guerriers
répandre des larmes involontaires. Nous devons ce
témoignage à la vérité, à l'amélioration de l'opinion
publique, au vrai patriotisme d'une réunion qui a
accueilli avec tant de bienveillance la narration de
faits qui n'eussent peut-être, il y a cinquante ans,
provoqué que le dédain du philosophisme et l'ironie
de l'impiété.

ÉLOGE

DE JEANNE D'ARC.

—

MESSIEÚRS,

LES peuples de l'antiquité furent sans doute bien
habiles à cultiver la vertu et à développer les talents ,
puisque l'histoire de leurs hommes célèbres nous en offre tant de beaux exemples ; mais il ne se sont pas bornés
à nous fournir les plus parfaits modèles ; ils nous ont
encore révélé leur secret dans l'art de les former. Si
nous ouvrons leurs annales , nous voyons qu'il consistait à honorer la vertu , à consacrer tous les noms
qui avaient acquis de la célébrité , et à dresser , pour
ainsi dire , des autels à ceux qui avaient rendu à la
patrie des services éminents. Pourquoi faut-il que,
moins sensibles à la gloire de former des héros , nous
ayons négligé ces puissants moyens d'émulation , et
que nous nous soyons montrés trop avares de ces récom-
penses qui parlent aux âges , rappellent les noms célèbres , et conservent les traits de ceux qui ont ho-
noré l'humanité? Ailleurs nous pourrions insister sur
ces réflexions ; mais tout ce qui nous environne , nous
avertit qu'elles seraient déplacées dans une solennité
destinée à réparer un injuste oubli envers la femme
forte que ces lieux ont vue naître , et à faire éclater les
sentiments qui ont dicté l'hommage que nous venons
lui rendre.

Le nom de Jeanne d'Arc était dans toutes les bouches : ses nobles entreprises, ses merveilleux succès n'étaient ignorés en aucun lieu ; toutefois quand le monde entier retentissait du bruit de ses triomphes, une seule cité dans toute la France honorait publiquement les vertus de sa libératrice. Cependant les ravages du temps s'accumulaient et menaçaient d'une ruine absolue l'humble toit sous lequel elle avait reçu le jour. Mais ces débris négligés parmi nous étaient devenus l'objet des recherches assidues et de l'ambition des étrangers ; que dis-je, ils mettaient à prix la pierre caractéristique du monument et voulaient nous ravir un titre de gloire. Félicitons-nous, Messieurs, qu'un généreux patriotisme ait triomphé de leurs efforts, que le possesseur de la chaumière de Jeanne, préférant l'honneur de son pays à l'or de l'étranger, nous ait conservé ces restes vénérables, et que son exemple ait excité dans ce Département une émulation louable, dont nous allons recueillir les fruits.

Appelés à célébrer l'heureux concours de zèle et de talents auxquels nous devons une entreprise honorable, apprenons à la postérité que le nom de l'héroïne de Domremy est désormais inséparable de celui du départetement des Vosges, interprète des vœux de la France entière. Acquittons la dette publique envers les citoyens et les magistrats, dont les soins sont aujourd'hui couronnés des plus heureux succès. N'oublions dans l'expression de notre gratitude, ni le brave Gérardin et son noble désintéressement, ni le Conseil général de ce Département, qui a su apprécier et seconder cet élan patriotique, ni le membre de ce Corps respectable, premier auteur d'un projet si heureusement exécuté. [1] Parlons du digne Ministre [2] et du noble Pair [3] qui, favorables à vos desseins, vous ont obtenu les dons de la munificence royale. Signalons particulièrement le premier Magistrat [4] dont la sollicitude éveillée sur tout ce qui tient à l'utilité de ce pays, ne l'est pas moins sur ce qui intéresse sa gloire; que l'artiste [5] distingué, qui a si bien rempli votre attente, reçoive aussi le prix qu'il a mérité.

Après ce juste tribut, que nous regrettons de ne pouvoir payer à tous ceux dont le zèle a acquis des droits à notre reconnaissance [6], adressons à l'héroïne, digne objet de la vénération publique, les hommages que nous lui devons. Mais comment louer dignement cette fille célèbre, lorsque tant d'éloges, sortis des bouches les plus éloquentes, ont été si souvent répétés? Rapporterai-je les traits de courage et les actes de dévouement qui la placent au rang des héros les plus distingués? Je craindrais de vous fatiguer par des récits dont aucun n'a échappé à votre mémoire. Parlerai-je des circonstances merveilleuses qui ont accompagné ses travaux? Avouées des historiens les plus judicieux, je ne pourrais ajouter ni à leur certitude, ni à l'admiration qu'elles vous ont inspirée. Enfin si j'ex-

---

[1] M.r Muel, propriétaire de forges à Sionne.

[2] M.r Lainé, alors Ministre de l'intérieur.

[3] M.r le Duc de Choiseul, pair de France.

[4] M.r Boula de Colombiers, préfet du département des Vosges.

[5] M.r Jollois, ingénieur en chef du Département, auquel on doit les plans des monuments élevés à l'honneur de Jeanne d'Arc.

[6] Nous désignons ici, particulièrement, M.r Cherrier, sous-préfet de Neufchâteau, et M.r Gérardin, maire de la même Ville, qui, chargés de la direction de la fête inaugurale, ont mérité les plus justes éloges.

posais les témoignages de l'Histoire, favorables à votre
héroïne, pour les peser au poids d'une critique sévère,
peu d'accord avec les sentiments qui vous animent, je
formerais une entreprise depuis long-temps exécutée et
dont les résultats ont triomphé du scepticisme le plus
opiniâtre. Et quand tous les faits qui composent sa vie
ne seraient pas revêtus du même degré de certitude,
ceux qui sont incontestables ne seraient-ils pas assez
nombreux, assez remarquables pour former un des
caractères les plus éminemment héroïques qui ait
figuré sur la scène du monde ?

Je laisserai donc aux historiens, aux critiques, l'ex-
position des faits et la discussion des preuves, et me
conformant à vos désirs, je ne vous entretiendrai que
des vertus qui furent la source de son héroïsme. Je
vous les présenterai comme les titres les plus authentiques de sa gloire et les ornements les plus propres à
décorer le triomphe que nous lui préparons. Sa valeur
intrépide dans les combats, sa modération après la victoire, sa constance dans le malheur, sa tendresse filiale,
sa modestie, son désintéressement et son humanité lui
formeront un cortége auguste, au milieu duquel son
amour pour son Dieu, pour son Roi, pour sa Patrie,
se montrera comme le soutien des éminentes qualités
qui la distinguent.

Les faits héroïques de la vie de Jeanne d'Arc sont tellement empreints de sa piété, que ses apologistes et ses
détracteurs l'ont également considérée comme la source
de toutes ses vertus. Admirons, Messieurs, les desseins
de la providence; c'est l'œuvre de ses ennemis, cette
procédure, inique dirigée contre sa foi, destinée à la
charger de crimes alors considérés comme irrémissibles,

qui nous fournit en sa faveur les plus glorieux témoignages; ce sout ces juges timides, subjugués par l'Angleterre,
qui, délivrés d'une sujestion funeste, témoignent plus
hautement sur son admirable candeur, sa constance
héroïque, et sa foi pure et inébranlable. Mais dans quel
lieu pourrions-nous être plus avantageusement placés
pour peindre les pieux sentiments et les généreuses réso-
lutions de Jeanne, que dans le lieu même où elle est née?
Là sont les débris de cette habitation modeste, où elle
reçut d'Isabelle Romée les principes de cette foi vive et
pure, qui devint la base de son courage invincible. D'ici
nous voyons les ruines de cet oratoire, [1] où chaque jour,
prosternée aux pieds des autels, elle s'excitait à la vertu
et gémissait sur les injustices dont le siècle lui offrait de si
frappants exemples. Au sommet de ce coteau est la forêt
solitaire, où loin de ses jeunes compagnes, elle ver-
sait des larmes amères sur les malheurs de sa patrie et
se préparait à la soustraire au joug de l'étranger. C'est
enfin près de ce lieu qu'elle entendit ces voix qui l'appelaient au secours de son Prince.

Nous n'entreprendrons pas l'examen critique des
inspirations de l'héroïne. Si elles sont absurdes aux
yeux de ceux pour lesquels la Providence est un vain
nom, elles plaisent aux hommes persuadés qu'un
grand empire n'est pas indigne des soins de celui qui
de la même main sema les soleils dans l'espace et nour-
rit jusqu'aux plus vils des insectes. Quelle que soit la
cause de ces merveilles, épargnons à notre faible
raison d'inutiles efforts pour la découvrir ; les résultats
suffisent à notre reconnaissance, puisque nous leur devons l'honneur d'être Français. Modèle de candeur et de

[1] Notre–Dame–de–Beaumont.

véracité, Jeanne d'Arc a défendu ses inspirations contre les subtilités des ses juges, les a soutenues à l'approche du suplice ; elles étaient donc réelles pour cette héroïne ; elles étaient pour elle des inspirations divines ; elles le seront aussi pour nous ; car les sentiments qu'elles ont excités mériteront toujours le titre de divins.

Une jeune fille, élevée aux travaux des champs, sans intérêt personnel, sans désir de fortune ou de gloire, quitte la maison de son père et renonce aux douceurs d'une heureuse obscurité, pour exposer sa tête aux coups d'ennemis supérieurs en nombre et dès long-temps accoutumés à la victoire. Elle verse son sang au pied de l'un des premiers remparts qu'elle attaque et n'en devient que plus ardente à poursuivre ses projets. Elle brave les dangers et les fatigues de la guerre, méprise les injures d'une soldatesque grossière, supporte les dédains des chefs que sa valeur humilie, et déclare publiquement qu'elle ne posera les armes que quand son Roi aura reçu l'onction sainte, qui doit lui rendre l'attachement et lui concilier la vénération des peuples. Si de tels desseins annoncés, suivis, exécutés, ne sont pas le résultat d'une inspiration divine, qui pourra nier qu'ils ne soient plus qu'humains ?

La foi de Jeanne d'Arc était vive, elle lui inspira de grandes choses ; ne croyons pas, toutefois, Messieurs, comme ses ennemis n'ont pas rougi de le répandre, qu'elle ne reposât que sur une aveugle crédulité. Jeanne ne savait que son *Pater* et son *Ave ;* cependant les sophismes de perfides docteurs ne lui persuadèrent jamais que l'amour de la Patrie pouvrait être une inspiration de l'esprit de ténèbres. Des moines ignorants ne voient dans ses prodiges que les effets de la sorcellerie; l'héroïne n'y reconnaît que les élans d'un saint et vertueux enthousiasme. Elle soumet sa foi aux lumières des ministres de la religion sainte qu'elle chérit; mais les décisions de la Sorbonne ne peuvent la convaincre qu'on devienne idolâtre en chérissant son Roi et sa Patrie, et coupable d'impiété en sacrifiant à ces idoles son bonheur et sa vie. Égale en courage aux héros de son temps, elle se montre donc supérieure à son siècle par la pureté de sa foi et par la justesse de ses opinions.

Pour apprécier la croyance de Jeanne d'Arc, dépouillons l'Histoire de ses merveilles, ne les jugeons que par les effets qu'elles ont produits et les desseins qu'elle sont inspirés à cette âme simple, mais sublime, à cet esprit sans culture, mais susceptible de la plus généreuse ardeur. D'autres s'attachèrent à la fortune de Charles, parce qu'ils en avaient reçu des bienfaits, qu'ils en attendaient des grâces, ou qu'ils avaient gémi sous le poids de la domination étrangère. Jeanne n'avait reçu de son Prince aucune faveur, des Anglais aucune injure; elle ne désire aucune récompense; mais l'héritier du trône est dépouillé de son patrimoine, et son esprit se révolte à l'idée de l'asservissement de sa Patrie. Tandis que l'Université de Paris, que l'un des plus grands vassaux de la couronne [1] professent des principes qui légitiment l'usurpation et sanctionnent la honte, la jeune paysanne de Domremy en appelle à son épée de l'injuste prétention de l'étranger, proclame les droits de son Souverain, et n'avoue qu'une doctrine : *Délivrer sa Patrie ou mourir en la défen-*

[1] Le Duc de Bourgogne.

dant. Elle ignore les lettres humaines, mais la fierté de son âme lui a révélé toute la science de l'héroïsme. Vous qui, énorgueillis des lumières du siècle, affectez de superbes dédains pour les doctrines des temps, ces lumières vous auraient-elles préservés des erreurs de la multitude ? Entraînés par l'exemple, vous eussiez peut-être accueilli des calomnies qui poursuivaient le Prince, vous lui eussiez fait un crime de ses malheurs et à son adversaire un droit de ses succès. Les subtilités des moines qui brûlaient les sorciers et prétendaient détrôner un Roi de France avec des distinctions scolastiques, vous auraient semblé des chefs-d'œuvre de raison ; car c'était l'esprit du siècle.

Une jeune paysanne répondant aux docteurs qui demandaient des prodiges pour preuve sa mission: *Je ne suis pas venue pour faire des signes, mais conduisez-moi vers Orléans, et là je donnerai des signes certains*, était sans doute un héros. Ce serait ainsi une entreprise vaine et ridicule de vouloir prouver le courage de Jeanne d'Arc : ses exploits sont si nombreux et si brillants qu'il faudrait, pour caractériser cette vertu de l'héroïne, rapporter son histoire entière. Je ne m'attacherai donc à la peindre ni sous les murs d'Orléans, où son étendard met en fuite les légions anglaises jusqu'alors victorieuses, ni dans les plaines de la Champagne et de l'Ile-de-France, où elle dissipe des armées et fait rentrer dans le devoir les villes asservies à l'usurpateur. Écoutons seulement sa réponse à l'un des juges pervers que lui a donnés l'Angleterre : *Vous promettiez aux gens d'armes qui vous suivaient qu'ils auraient bonheur*, disait le lâche, *et vous les encouragiez par des paroles magiques. Je disais,* répondit l'héroïne, *entrez hardiment parmi les An-glais et j'y entrais moi-même*. Ne commentons pas le langage d'une sublime inspiration, qui peint avec autant de vérité que de force l'élévation de son âme; souvenons-nous seulement que ces paroles sont sorties de la bouche d'une fille de 20 ans, chargée de fers et livrée sans défense à des ennemis qui l'ont vouée au plus cruel supplice. Qu'il nous suffise donc, pour apprécier le courage de Jeanne d'Arc, de la comparer aux guerriers de son temps et sur-tout aux illustres Français rangés avec elle sous les bannières royales. Si ces grands hommes, si dignes de la reconnaissance publique, ont obtenu l'admiration des siècles, celle qui, malgré la timidité de son âge et la faiblesse de son sexe, releva leur courage par son exemple et devint la cause principale de leurs succès, ne peut dans les fastes de la gloire occuper un rang inférieur à ces héros.

La fermeté d'âme qui élève le guerrier au-dessus de la crainte, lui fait braver la douleur et la mort, est digne sans doute de notre admiration. Commune au chef et au soldat, elle est la base fondamentale de l'héroïsme guerrier; mais toute grande, toute précieuse qu'elle est, cette vertu devient insuffisante dans les crises politiques, où les principes ébranlés ont répandu l'incertitude et le doute sur les vérités les plus incontestables et sur les droits les mieux établis. Il est, Messieurs, un autre courage plus rare, bien supérieur à celui-ci, et cependant indispensable dans ces circonstances souvent funestes à la simple bravoure. Il ne s'agit plus de combattre seulement les ennemis, il faut repousser les doctrines pernicieuses par lesquelles l'usurpation séduit les esprits faibles et pervertit les inten-

3

tions même les plus pures. Quelle que soit notre répu-
gnance à retracer ici les obstacles qui s'opposaient au
rétablissement du trône, nous remplirons cette tâche
pénible pour acquitter envers l'héroïne, envers ses illustres compagnons, le glorieux tribut que nous leur devons ; puisqu'il le faut, nous rappellerons les divisions
des Princes, les intrigues de la Cour et les doctrines im-
pies qu'elle professait en ces jours de désastre et de honte.

Trois siècles de guerres continuelles entre l'Angleterre et la France n'avaient eu d'autre résultat que le
malheur des deux peuples. Pleine encore de vigueur
après les plaies de Poitiers et d'Azincourt, notre Patrie
luttait avec un courage constant, mais avec des succès
variés, qui arrêtaient l'ambition de sa rivale sans détruire ses espérances. Les divisions intestines qui agi-
taient la France n'auraient pas même suffi pour assurer le triomphe de Henri V ; il fallait qu'un événement funeste frappât au cœur la monarchie en privant
le Roi de l'usage de sa raison : il fallait qu'une Prin-
cesse, la honte des femmes, des mères et des Reines,
oubliant à la fois tous ses devoirs, portât l'audace du
crime jusqu'à appeler un étranger au trône des Lys, à
l'exclusion d'un malheureux fils que sa haine pour-
suivait avec les fureurs d'une nouvelle Athalie ; il
fallait enfin que l'opinion publique, pervertie par les
calomnies répandues contre l'héritier légitime, eût
ébranlé la fidélité des peuples et livré l'État sans défense
aux entreprises d'un conquérant aussi habile qu'am-
bitieux. A l'aide de ces secours, le Roi d'Angleterre se
croyait assuré de saisir sa proie. [1] Favorisé par la dé-

---

[1] *Toutes les causes pour lesquelles un royaume doit passer en d'autres mains*, disait Henri V en parlant de la France, *y règnent, et c'est
le plaisir du benoist Dieu qu'en nos mains la translation se fasse.*

fection du Duc de Bourgogne, il s'était emparé de la Normandie, il avait soumis Rouen, occupé toutes les villes qui environnaient Paris, et s'était fait proclamer dans la capitale. A la douce et brillante image des Lys avaient succédé les farouches Léopards; le peuple subjugué, le Parlement asservi, la Sorbonne gagnée, semblaient assurer à l'audacieux Anglais la soumission de tout le royaume.

Charles errant sur les bords de la Loire, et suivi seulement de quelques gentilshommes et d'un petit nombre de soldats, se voyait réduit au triste rôle de spectateur impuissant de la ruine de son peuple et de la conquête de son royaume. Il fuyait, accablé par la félonie des grands vassaux et par la calomnie qui le présentait comme un vil meurtrier digne de mort pour son crime et indigne de régner par sa lâcheté. Une seule cité, la fidèle, l'héroïque ville d'Orléans, disputait aux Anglais la domination du reste de la France. Tels étaient, Messieurs, les malheurs de notre Patrie, lorsque Jeanne d'Arc accourut à la défense du Dauphin. Pour rendre à ce Prince l'héritage de ses pères, il fallait chasser les Anglais, dont la puissance affermie par la victoire semblait alors inébranlable; cette difficulté était cependant la moindre dans une telle entreprise. Dissiper les préjugés des Français favorables à l'usurpateur, lutter contre les arrêts du Parlement et les décisions de la Sorbonne, étaient des obstacles bien plus redoutables, et dont elle ne put triompher qu'à l'aide de ce double courage, base unique de l'héroïsme parfait.

Les ennemis, qui avaient été témoins de la noble audace avec laquelle notre guerrière conduisait à la charge les escadrons français, ne pouvaient contester sa valeur. Un de ceux qui l'avait éprouvée, disait : *Ce serait une bonne femme si elle était Anglaise.* Mais les lâches, qui n'osaient l'attaquer qu'avec des subtilités scolastiques, prétendaient ne trouver dans sa bravoure que les actes d'une férocité sanguinaire. Ce vice affreux, hélas ! trop commun en ces temps de barbarie, aurait-il souillé un si beau caractère ? La noblesse de ses sentiments et ses principes religieux éloignent cette présomption. Mais écoutons l'histoire, écoutons l'héroïne elle-même. *Je n'ai jamais tué personne,* disait-elle à l'un de ses interrogateurs ; et comme il la pressait de convenir si elle s'était trouvée au milieu du carnage, *en lieux où les Anglais fussent tués : En mon Dieu si,* répondit-elle, *pourquoi ne partaient-ils pas de France et n'allaient-ils pas en leur pays ?* Elle regrettait même que la mort des ennemis fût nécessaire au salut de sa Patrie, comme l'atteste assez cette lettre fameuse, adressée aux chefs de l'armée anglaise avant de les attaquer, où, après leur avoir redemandé, de par Dieu, les villes et provinces de son bon Roi, elle ajoute : *Jeanne la Pucelle vous prie et vous requiert que vous ne vous fassiez mie détruire.*

Toujours fidèle à l'Histoire, si je voulais embellir le portrait de l'héroïne, je parlerais de sa tendresse pour Isabelle Romée, pour ses frères, compagnons de ses exploits, et de son respectueux amour pour son père, dont les images chéries la suivaient au fort de la mêlée, l'accompagnaient dans les triomphes et lui faisaient verser de douces larmes, lorsque, recueillie dans le silence des nuits, son imagination la transportait sous le toit paternel, et dans les prés fleuris que la Meuse

féconde de ses eaux tranquilles. Je peindrais ses trans-
ports, lorsqu'après le sacre de son Roi elle jouit du
bonheur de serrer dans ses bras le vénérable Jacques
d'Arc et l'un de ses oncles, accourus vers la cité de
Reims, pour être témoins de sa gloire. Je rapporterais
enfin ses réponses aux reproches d'avoir quitté ses
parents [1] ; mais pressé par l'abondance du sujet et par la
brièveté du temps, je laisse ces titres d'une gloire commune pour ne m'occuper que de ceux qui sont plus
propres au héros.

Le noble désintéressement de Jeanne d'Arc suffirait
pour la défendre contre ceux qui ne rougirent pas de
l'accuser de jouer un rôle de théâtre, dont les gages
étaient la récompense ; mais les Anglais ont répondu
à cette calomnie, eux qui eurent assez de richesses
pour acheter son supplice et qui ne purent avec des
monceaux d'or trouver un homme capable de la vain-
cre. *Je ne demandais rien à mon Roi*, disait-elle avec
une admirable candeur, *fors bonnes armes et bons
chevaux.* A son arrivée près du Dauphin, les Anglais
triomphaient sur tous les points, et le petit nombre
de guerriers qui suivaient le Prince, abattus et décou-
ragés, ne laissait aucune espérance. Les places les plus
fortes et la capitale elle-même, tombées au pouvoir
de l'étranger, lui avaient asservi les grandes autorités
du royaume; enfin l'héritier du trône ne semblait avoir
de salut que dans la fuite. Après l'événement funeste
qui livra l'héroïne aux ennemis, notre armée victorieuse
se montrait animée de cette confiance qui est le gage
assuré de la victoire. Orléans était délivrée, Charles

[1] *J'ai bien obéi à eux, excepté de ce partemant, mais depuis
leur en ai écrit et m'en ont pardonné.*

VII avait reçu l'onction sainte qui lui donnait aux yeux de la multitude l'autorité des Rois ; plusieurs places fortes enlevées à l'ennemi en avaient déterminé d'autres à ouvrir leurs portes ; les Anglais enfin étaient consternés ; et l'esprit français, réveillé dans tous les cœurs, assurait le triomphe de la Patrie. Tant de merveilles opérées dans l'espace de dix-huit mois, étaient le fruit des exploits de Jeanne d'Arc. Quels gages auraient pu payer de si grands services ?

J'ai dit que Jeanne, contente des bénédictions du peuple et des éloges de son Roi, n'avait demandé aucune récompense ; je me suis trompé, Messieurs, et c'est devant vous sur-tout que cette erreur serait impardonnable. Elle s'oubliait elle-même, mais ses compatriotes lui étaient chers. Elle obtint, pour les habitans de Domremy et de Greux, parmi lesquels elle avait passé ses plus heureux jours, une honorable franchise pour leurs subsides. Vos aïeux ont joui long-temps de ce privilége, destiné à perpétuer parmi vous la mémoire de votre héroïne, et à consacrer à jamais, dans le lieu de sa naissance, l'éclat de ses vertus et la reconnaissance de son Roi. Si les malheurs des temps vous ont privés de ces distinctions honorables, vous les retrouvez aujourd'hui dans la munificence d'un successeur de Charles VII, poursuivi, comme ce Prince, par de longues infortunes et forcé de reconquérir son peuple par des bienfaits.

Parlerons-nous des mœurs de l'héroïne et de cette vertu si rare au milieu des camps ? Nous pourrions encore invoquer ici le témoignage de ses ennemis et les appeler à certifier que sa chasteté ne fut pas moins admirable que sa valeur ; mais nous craindrions de ré-

veiller le scandale assoupi par le temps et par le retour de
meilleures doctrines. Nous admirons le talent, Messieurs ; mais nous ne cesserons de gémir, qu'appelant
à son aide la licence et l'impiété, il ait tenté d'obscurcir une des pages les plus brillantes de notre Histoire,
de verser sur la vertu sans tache le ridicule et la calomnie, et que l'un des écrivains les plus distingués de
la France se soit montré si mauvais Français. Élevons-
nous à des questions plus importantes, plus conve-
nables à cette assemblée, plus dignes de l'héroïne du
15ᵉ siècle ; soumettons sa réputation à l'épreuve la
plus rigoureuse que puissent subir les personnages qui
ont occupé l'Histoire. Examinons si ses vertus se sont
démenties dans la bonne fortune, si elles ont conservé
leur éclat dans l'adversité, et confirmons les éloges
des siècles ou faisons-les taire à jamais,

Jeanne d'Arc, étrangère aux usages du monde, aux
mœurs de la Cour, avait vaincu, par le pouvoir de son
éloquence naturelle et l'ascendant de son enthousiasme
patriotique, les répugnances des conseillers du Prince
qui refusaient de l'admettre au nombre de ses guerriers ; elle avait dissipé, par la sagesse de ses réponses
et la régularité de ses mœurs, les craintes puériles des
docteurs du parti français qui craignaient la sorcellerie.
A l'aide d'une faible escorte et contre l'avis des chefs
de l'armée, elle venait de porter à la fidèle Orléans des
secours si long-temps attendus. Entrant victorieuse
dans cette ville, à la tête de ses compagnons, elle se
voit tout-à-coup environnée des acclamations de la
multitude, des éloges des grands et des respects universels. Une position si neuve, une épreuve si dangereuse pour une fille jeune et sans expérience, lui fera-
t-elle oublier les devoirs auxquels elle s'est montrée

fidèle ? Non , Messieurs , sa modestie renvoie à Dieu
les hommages des hommes ; elle entraîne le peuple
aux pieds des autels et adresse à l'auteur des succès
qu'elle vient d'obtenir , les actions de grâces qui lui
sont dues comme à la source de tous les biens.

Peu de jours s'écoulent, et elle enlève aux Anglais,
après des prodiges de valeur , un de ces ouvrages for-
midables, construits par l'ennemi autour de la ville pour
en ruiner les murailles et en fermer toutes les issues.
Pendant les attaques qui avaient précédé l'escalade,
elle n'avait cessé d'être en butte aux traits des ennemis
et à leurs insultes les plus grossières. Ils lui avaient pro-
digué les noms de ces femmes perdues contre lesquelles elle montrait tant d'animadversion. Maîtresse du
fort , une autre aurait lavé dans le sang des vaincus les
injures qu'elle venait de recevoir ; mais l'héroïne ne
venge que celles de son Roi. Ce fut un étrange mais
beau spectacle de voir ces ennemis , quelques instants
auparavant si fiers et si audacieux , maintenant aux
pieds de Jeanne , implorer sa clémence contre des soldats justement irrités ; ils ne l'implorèrent pas en vain:
elle arrêta les glaives de ses compagnons et retint la
fureur des habitants d'Orléans. La victoire ne lui fit pas
oublier les devoirs de la charité, et l'injure ne put
éveiller la vengeance dans une âme aussi grande. Elle
accorda même des larmes aux Anglais lorsqu'elle vit
la terre baignée de leur sang. *Glacidas , Glacidas ,*
rends-toi au Roi des cieux ; j'ai grand'pitié de ton
âme et de celle des tiens , criait-elle à l'un des guerriers
les plus vaillants, mais des plus insolents de l'Angleterre,
lorsqu'à l'attaque du pont des Tourelles , l'étendard
en main , elle poussait devant elle ce chef et ses che-

valiers frappés de terreur. Mais c'est en vain qu'elle pardonne à ses ennemis ; le Ciel a pris soin de sa vengeance : le pont surchargé d'hommes et de chevaux est frappé d'une bombarde, et Glacidas, comme un autre Maxence, roule et s'ensevelit dans le fleuve en poussant les derniers cris d'une rage impuissante. [1]

Les exploits de Jeanne d'Arc avoient été couronnés du plus heureux succès ; après avoir soumis, avec ses illustres compagnons, plusieurs places occupées par l'étranger, battu les Anglais à Patay, elle avait, selon sa promesse, ouvert à son Roi la route de Reims, malgré les difficultés presqu'insurmontables opposées par les ennemis et la distance des lieux. Objet de l'admiration universelle et des acclamations du peuple, qui lui prodigue des témoignages de respect égaux à ceux qui s'adressent au monarque, elle ne pouvait être placée dans une situation plus dangereuse pour sa modération et pour sa modestie. Elle en triompha cependant ; ni l'éclat qui l'environne, ni l'espoir du brillant avenir que lui présente le rétablissement d'un Prince qui lui doit sa couronne, ne purent l'éblouir. Sa mission remplie, elle désire la retraite avec autant d'ardeur qu'elle en a montré à voler au secours de son Roi. La politique des Cours ne convient pas à la candeur de son âme, elle veut rentrer dans la cabane de ses pères. *Plût à Dieu, mon créateur*, disait-elle à Dunois et à l'archevêque de Reims, entre lesquels elle cheminait, *que je puisse maintenant partir, abandonner les armes et aller servir mon père et ma mère qui moult seraient contents de me revoir.*

[1] Journal du siége d'Orléans. *Histoire de Jeanne d'Arc, par Lebrun-des-Charmettes, tome 2, page 110.*

Ces paroles n'étaient pas de vaines démonstrations ;
elle sollicita plusieurs fois la permission de se retirer ,
mais sa présence exerçait sur les soldats une trop heureuse influence pour que Charles pût y consentir. Elle
obéit donc aux ordres de son maître comme une victime destinée à sceller de son sang les promesses qu'elle
lui avait faites , et à augmenter par son supplice l'animadversion générale qui s'accroissait de jour en jour
contre la domination étrangère.

Que ne puis-je m'arrêter ici , Messieurs , laisser vos
âmes pénétrées de reconnaissance pour Jeanne d'Arc ,
et vous épargner des récits qui ne pourront augmenter votre admiration sans déchirer vos cœurs! Vous
frémirez contre des ennemis assez lâches pour laver leur
honte dans le sang d'une femme ; mais votre indignation n'aura plus de bornes quand vous vous rappel-
lerez que ce furent de mauvais Français , déserteurs
de la cause royale , qui vendirent le sang de l'innocence
aux intérêts de l'Angleterre. Je voudrais en vain dissi-
muler ces viles et cruelles intrigues ; l'Histoire a parlé
trop haut, et d'ailleurs il est juste que la honte des ennemis de l'héroïne enrichisse le trophée que nous éle-
vons à sa gloire.

Après le sacre du Roi, Jeanne d'Arc suivait l'armée
pour obéir à son Prince : son courage était aussi brillant , sa présence aussi fatale aux Anglais ; mais agitée
par de sinistres pressentiments elle marchait avec cir-
conspection , craignant moins la valeur des ennemis
que la trahison des Français vendus à l'étranger. Plusieurs exploits , dignes de mémoire , précédèrent encore le jour fatal où elle devait tomber entre les mains
des ennemis. Ce fut dans une sortie de la ville de Com-

piègne, où elle s'était renfermée avec plusieurs généraux pour la défendre contre l'armée du Duc de Bourgogne, qu'abandonnée des siens et après des prodiges
de valeur, elle fut prise, conduite à Jean de Luxem-
bourg et ensuite livrée aux Anglais. Que ne pouvons-
nous oublier que cet officier bourguignon était Comte
de Ligny, et que non content de livrer sa prisonnière,
il la vendit lâchement pour être immolée?

Si quelque chose pouvait rehausser la gloire de Jeanne
d'Arc, ce serait sans doute la joie honteuse que son
malheur répandit chez les ennemis de la France. On se
hâta d'annoncer cette nouvelle à toutes les villes qui
tenaient pour le parti Anglais; on ordonna des fêtes
publiques, et les Parisiens allumèrent des feux; mais
à peine elle est captive que le fanatisme a réclamé sa
victime. O honte! l'Université de Paris sollicite du
Régent d'Angleterre l'ordre de la traduire devant ces
juges dont nos Rois avaient toujours redouté l'influence,
et que nos ennemis appelaient à l'appui de leur injuste
domination. Ce fut ici que la perfidie anglaise se mon-
tra dans tout son jour. Bedfort désirait le jugement de
l'héroïne et il en rougissait : il excita sourdement le
faux zèle et se fit demander ce qu'il n'osait ordonner;
il feignait de céder aux sollicitations de la Sorbonne;
mais l'activité avec laquelle il organisa le tribunal de
l'inquisition, prouva quelle importance il attachait au
jugement qu'il en attendait. Parmi les ecclésiastiques
désignés pour le former, plusieurs redoutant l'infamie
d'une procédure dirigée par la vengeance, échappèrent
en fuyant à la persécution qui les menaçait. Cependant
le nombre de ceux qui ne craignirent pas le poids d'un

tel jugèment ne fut encore que trop grand. La voilà donc, cette jeune infortunée, devant ces hommes trompés ou séduits, vengeurs de crimes imaginaires et qui se croyant chargés des intérêts du Ciel, pensent l'honorer en égarant l'accusée dans les dédales d'une métaphysique ténébreuse et étrangère à la religion autant qu'à la philosophie. A la tête de ces juges pervers je vois Pierre Cauchon, évêque de Beauvais, chassé de son siége comme ennemi de son roi légitime; il veut venger sur Jeanne les injures qu'il a reçues des français demeurés fidèles. Je vois le promoteur d'Estivet, digne suppôt de l'injuste prélat, et ce méprisable cénobite qui sous le masque d'un zèle officieux, s'abaisse au rôle d'espion pour surprendre l'innocence.

N'appelons pas l'infamie sur tous les juges de l'héroïne; plus faibles que méchants, les uns étaient subjugués par la crainte, d'autres plus ignorants que cruels étaient égarés par un faux zèle ou aveuglés par l'esprit de parti. Cependant Jeanne d'Arc, étrangère aux manœuvres de la chicane, aux subtilités de l'école, est environnée de piéges. Privée de conseil, livrée à toutes les machinations de la perfidie, trahira-t-elle son Roi que ses ennemis veulent *infamer* en la condamnant? Abandonnera-t-elle les intérêts de son pays? S'abaissera-t-elle, comme le lui conseille le perfide Loiseleur, à sauver sa vie aux dépens de son honneur? Ne le craignez pas, Messieurs; elle soutiendra le noble caractère qu'elle a déployé sous les remparts d'Orléans. Écoutons ses réponses lorsque, déchargée momentanément de ses fers, on la tire des cachots meurtriers où elle languit, pour l'exposer aux questions des misérables qui se disputent la gloire de la tourmenter.

Cauchon la presse de révéler ce qu'elle sait et de le promettre avec serment. *Je jurerai de dire la vérité sur les choses touchant le procès*, disait-elle, *mais non de toutes celles que je sais.... Il est inutile de m'en parler davantage.* Puis s'adressant à ce vil suppôt de l'Angleterre, elle lui déclare qu'elle le regarde comme son ennemi personnel, et avec l'accent de la vertu et le sentiment de la justice, elle ajoute : *Je vous le dis, réfléchissez bien à ce que vous dites que vous êtes mon juge, car vous prenez une grande charge..... et me vexez trop.* Et quand on la questionnait touchant les intérêts de son Roi, elle se refusait à tout éclaircissement par cette réponse : *Vous n'aurez rien de moi là-dessus.*

Pendant que sa constance était mise à cette rude épreuve, elle ne pouvait, dans la conduite de ses juges et sur-tout dans la partialité de l'évêque, méconnaître les présages du sort funeste qu'on lui préparait. *Vous écrivez tout ce qui se fait contre moi*, disait-elle, *et ne dites rien de ce qui est pour moi.* Cependant la fureur de ses ennemis s'exhalait autour d'elle en injures et en menaces contre les juges qui ne montraient pas une aveugle soumission à leurs volontés. *Quand sera-t-elle arse*, s'écriaient-ils de concert? Ce fut alors que, révoltée de tant d'injustice, inspirée par son innocence, son indignation et l'amour de sa Patrie, elle frappa le Tribunal et les spectateurs d'étonnement, d'admiration et de terreur par ces paroles prophétiques et à jamais mémorables : *Avant qu'il ne soit sept ans, les Anglais abandonneront un gage plus grand qu'ils n'ont fait devant Orléans et perdront tout en France. Comment le savez-vous*, dit l'interrogateur tremblant? *Je sais*, répondit-elle, *que le Roi gagnera tout le royaume de France*, *et je le sais aussi bien que vous êtes devant moi sur votre Tribunal*.

L'honneur de son Roi lui était bien plus cher que la vie, et c'était pour le défendre qu'elle bravait ainsi la fureur de ses ennemis. J'en atteste le démenti courageux qu'elle donna publiquement à un orateur insolent qui, chargé de l'amener à se rétracter sur ses inspirations, avait, aux menaces qu'il lui faisait, mêlé des injures envers Charles VII. [1] Mais les preuves de sa constance et de son dévouement héroïque sont si nombreuses que, forcé de choisir, je n'en rapporterai plus qu'un seul exemple, propre à la vérité à confirmer nos éloges et à couvrir ses ennemis d'une honte éternelle. Cauchon et le duc de Betford, qui voulaient moins encore perdre Jeanne que diffamer le Roi de France en obtenant d'elle une rétractation éclatante, s'étant épuisés en efforts inutiles pour la soumettre par la crainte, recoururent à la ruse. Le comte de Ligny, Warwick et Stafford se chargèrent de la tenter en lui annonçant qu'ils venaient pour traiter de sa rançon. Alors, soulevant ses fers, l'héroïne répondit: *Vous n'avez ni le pouvoir ni la volonté de me racheter ; je sais que les Anglais me feront mourir, croyant après ma mort gagner le royaume de France ; mais seraient-ils cent mille plus qu'ils ne sont, ils n'auront pas ce royaume.* La noble fierté, le dédain sublime avec lequel elle prononça ces paroles,

---

[1] *Sir révérence gardée j'ose bien jurer, sur peine de ma vie, que mon Roi est le plus noble chrétien de tous les chrétiens et n'est pas tel que vous dites.* L'orateur était un Franciscain, qui adressait au Roi et à l'héroïne de grossières injures dans la chaire de vérité.

irrita tellement Stafford, que le lâche l'aurait frap-
pée de son épée si le comte de Warwick ne
l'eût arrêté. Qui pourrait croire que c'était au sortir
d'une maladie grave, causée par des traitements bar-
bares, au milieu de ses ennemis qui de toutes parts
demandaient son martyre et en face du terrible bûcher, que l'héroïne parlait de la mort avec ce mépris
et cette constance inébranlable dans ses généreux
sentiments ?

Ainsi, foulant aux pieds les lois de l'honneur et de
la justice, les ennemis de Jeanne d'Arc employaient,
pour la dégrader aux yeux de ses compatriotes, les
manœuvres les plus odieuses et les plus criminelles.
Mais les efforts réunis de la fureur et de la perfidie n'ont
pu triompher de son courage : elle s'est montrée dans
les fers ce qu'elle était dans les combats. Les subtilités
des moines qui l'immolaient au nom de Dieu ne l'ont
pas fait désespérer de sa miséricorde ; elle a invoqué
son nom et chanté ses louanges au milieu des flammes.
Ni les menaces des ennemis, ni leurs perfides douceurs,
ni leurs traitements inhumains, ni leurs promesses men-
songères n'ont pu la déterminer à renoncer aux inspirations sublimes qui lui avaient mis les armes à la main.
Abandonnée des siens, trahie par les caprices d'une
fortune cruelle et inopinée, livrée sans défense à des
bourreaux que leur honte rendait inexorables, elle
n'a cessé de combattre pour l'honneur et le salut de
son Roi. Elle a humilié ses ennemis, et du haut de son
bûcher, elle leur a annoncé leur chute prochaine et
irréparable ; enfin placée dans l'alternative d'une mort
cruelle ou d'une rétractation honteuse, elle a préféré
le glorieux supplice ; et quel supplice, Messieurs ! le

plus terrible , le plus affreux que la rage des tyrans ait imaginé pour torturer les hommes.

Détournons nos regards de l'horrible bûcher et de ses flammes dévorantes , fermons nos oreilles aux discours hypocrites de l'inquisition , aux clameurs féroces d'une soldatesque avide du sang de l'innocence ; ces tableaux répandraient sur cette fête un sentiment de douleur que la justice doit réserver aux ennemis de l'héroïne. Les Anglais ont pu réduire en cendres et livrer au souffle des vents ce qu'elle avait de terrestre ; mais son âme , dépositaire de ses vertus sublimes , a échappé aux flammes de leur bûcher , comme aux traits de leurs calomnies. Victorieuse , immortelle , placée maintenant dans le séjour de l'éternelle félicité , entre Dunois et Lahire , avec Duguesclin et Bayard , elle sourit aux hommages que nous lui rendons , applaudit aux sentiments qui nous animent et nous invite à suivre les exemples précieux qu'elle nous a donnés. Je crois l'entendre , du haut de l'empirée , nous appeler à cette union fraternelle dont elle n'eut pas le bonheur d'être témoin , quoiqu'elle l'ait acquise au prix de son sang : « Français , nous dit-elle , deux « fois sauvés de la domination étrangère , oubliez enfin « les divisions funestes qui ont enfanté de si grands malheurs. Sacrifiez à l'amour de la Patrie ces haines « cruelles qui la déchirent , cet esprit d'innovation « qui la tourmente ; contents des belles provinces « conservées par vos aïeux , cherchez une carrière plus « noble encore que celle des armes. Que ces arts « précieux , peu connus de mon siècle , vous assurent « un empire dès long-temps établi. Serrés autour du « trône légitime , bravez , dans une paix durable , les « dissensions intestines et les attaques de l'étranger ».

Chaste héroïne, honneur de ton sexe, salut de ton Roi, gloire de ta Patrie, reçois nos hommages et nos vœux. Non, l'exemple de tes vertus ne sera pas sans fruit pour tes compatriotes ; ceux qui habitent l'heureux hameau qui t'a vue naître, sauront comment la simple piété peut conduire aux plus grandes choses. Les jeunes filles auxquelles la bienfaisance du monarque prépare une instruction solide sous le toit qui couvrit ton berceau, chériront le Prince auquel la pompe du trône n'a pu faire oublier les intérêts des champs. Assez d'autres ont prouvé que la science sans la vertu n'est souvent qu'un présent funeste ; tu montreras que la vertu, même sans les lumières, peut guider un cœur généreux dans le chemin de la gloire. Ton dévouement sublime apprendra à tous les Français ce qu'il doivent au Prince et à la Patrie. Tu ne séparas jamais ces intérêts sacrés ; ils sauront désormais les confondre dans une commune affection, source unique et féconde du vrai pariotisme, de la stabilité des empires et de la félicité publique.

Le cortége formé de nouveau au sortir de l'église, se dirigea vers la fontaine monumentale. M.ᵣ le Préfet donnait la main à Mlle Humblot, fille du maire de Domremy, qui était à la tête du chœur des jeunes filles des deux villages. Elles étaient chargées de couronnes et de guirlandes. Arrivées au pied du monument, le voile qui, jusqu'alors avait caché l'image de l'héroïne, tomba et son buste fut salué par les plus vives acclamations. Alors, Mlle Humblot remplissant le rôle honorable qui lui avait été assigné, posa au nom de ses compagnes, au nom du département des

4

Vosges et de la France entière , une couronne d'im-
mortelles sur la tête de l'illustre fille de Domremy.
Après quoi M.ᵗ Boula de Coulombiers , maître des
requêtes , préfet des Vosges , placé sur le piédestal au-
devant du cippe qui porte le buste , adressa à l'assemblée le discours suivant qui excita des applaudissements universels.

DISCOURS

Prononcé *par* M.ᵗ Boula de Coulombiers, *maître*
des requêtes , préfet du département des Vosges.

MM.

« Bientôt quatre siècles seront écoulés depuis que
Jeanne d'Arc a quitté l'humble toit qui l'a vue naître ,
pour voler à la défense de son Roi et pour délivrer son
pays. Le temps , qui détruit tant de renommées , forcé de
reconnaître l'empire de la vraie gloire , semble en s'é-
coulant ajouter encore un nouveau lustre à celle de
notre héroïne ; son nom , consacré à l'immortalité ,
traverse les âges , entouré de la vénération et de la reconnaissance des Français. En est-il une preuve plus
éclatante que ce nombreux et brillant concours aux
lieux qui la virent naître ? Qu'il est noble et touchant
cet hommage unanime rendu à la Vierge de Domremy ,
par cette affluence de personnages éminents , des
fonctionnaires distingués et par les Députations de
tant de cités diverses ! Que leur présence au milieu de
nous embellit et décore cette solennité ! Comment exprimer l'attendrissement qui nous pénètre , lorsque
nous possédons , au berceau de Jeanne d'Arc , le délégué du premier magistrat du Loiret et les digues re-
présentants de la Ville célèbre , toujours prête à signaler

sa reconnaissance envers sa libératrice ? Avec quels sentiments aussi ne voyons-nous pas les illustres et savants
députés de l'antique capitale de la Lorraine, aux lieux
où tant de motifs excitent à s'enorgueillir d'une commune Patrie?

O Domremy ! l'éclat dont tu brilles n'égale-t-il pas
en effet celui des Villes les plus puissantes ? Long-temps
ton unique ornement fut une chaumière, mais les
Grands de la terre venaient s'incliner devant elle [1] ;
la vénération générale l'assimilait aux plus superbes
monuments.

Il était digne du Monarque désiré, qui, comme
Charles VII, a rendu une Patrie aux Français,
d'être en ces lieux l'interprète de la reconnaissance
nationale.

Grâces à la munificence du Roi, sur cette terre glo-
rieuse s'élève un monument décoré de l'image de celle
que nous révérons ; une école gratuite est fondée en faveur des jeunes filles, des compagnes de Jeanne d'Arc !
Ainsi, les bienfaits de l'enseignement répandus à la
source même des actions généreuses, attesteront à jamais les grandes idées qui animent Sa Majesté, et l'intérêt qu'elle porte aux compatriotes de la libératrice de
la France ; les souvenirs viendront ici fortifier les préceptes, et produiront les plus pures inspirations.

Comme si tout ce qui tient à la mémoire de Jeanne
d'Arc devait porter avec soi un caractère particulier

---

[1] Le Prince Ferdinand de Prusse, passant par Domremy en
1815, se prosterna devant la demeure de l'héroïne ; les généraux,
les officiers Français ne traversent jamais Domremy avec leurs
corps, sans que sa modeste chaumière reçoive tous les honneurs
militaires.

d'élévation, c'est par une belle action que le département des Vosges est devenu propriétaire de son humble demeure. Brave Gérardin ! pourrai-je passer sous silence le noble désintéressement qui t'a fait rejeter l'or de l'étranger, et qui a conservé à la France cette précieuse habitation qu'il voulait nous ravir? Redirai-je aussi l'enthousiasme et l'unanimité avec lesquels fut accueillie, au sein du Conseil général, interprète d'une population éminemment française, la proposition de M.ʳ Muel, un de ses membres, d'acquérir, au nom du Département, l'antique asile de l'honneur ?[1]

Dans ces lieux tout est riche de souvenirs, tout semble encore animé du souffle de Jeanne d'Arc. C'est dans le riant vallon qui se déploie devant nous qu'elle allait avec ses compagnes s'occuper de ses travaux champêtres. Là, souvent elle gémissait sur les maux de sa Patrie. Ses vœux ardents pour le Roi et pour la France montaient vers la Divinité, dont elle recevait les plus nobles inspirations.

C'est en effet dans l'amour de Dieu et du Roi qui dominait toutes ses vertus, qu'il faut chercher le mobile de ces sublimes actions que la faiblesse humaine ne peut expliquer, mais que l'Histoire atteste.

Sans quitter le toit rustique de ses pères, Jeanne eut le bonheur de trouver au sein de sa famille des préceptes aussi bien que des exemples. Elle y apprit à être modeste, respectueuse, soumise pour les personnes élevées au-dessus d'elle, bienveillante pour tout ce qui l'approchait, compatissante pour ses ennemis.

---

[1] Le Conseil général des Vosges, présidé par M.ʳ le duc de Choiseul, vota à l'unanimité, sur la proposition de M.ʳ Muel, l'acquisition de la maison de Jeanne d'Arc.

Cette âme forte et généreuse, qu'elle reçut de la nature, formée par les meilleurs principes, ne se démentit jamais. Sous le chaume, comme au milieu des grandeurs, notre héroïne fut toujours la même. Elle sut braver l'adversité, comme elle sortit triomphante et pure des épreuves de la prospérité.

Son nom remplissait l'Europe d'admiration ; ses exploits avaient délivré la ville d'Orléans ; à travers mille périls, des bords de la Loire, elle avait conduit Charles VII à Reims pour y recevoir l'onction sainte ; au faîte des honneurs, elle était appelée à en jouir auprès du Trône qu'elle avait relevé ; toutes les séductions de la gloire l'environnaient, mais elles ne pouvaient maîtriser son âme héroïque.

C'est à une époque où tant de gloire environnait Jeanne d'Arc, que, croyant que sa mission était terminée, elle ne sollicita plus que le repos et le bonheur d'une vie ignorée près du foyer de ses pères. Pressée par les instances les plus vives, il fallut les ordres du Monarque, pour qu'elle pût consentir à sacrifier ses goûts simples au fracas des camps et aux pompes qui environnent la Majesté des Rois.

Comment se fait-il que les passions aient pu se déchaîner contre tant de vertus et de hauts faits ? Comment ceux qui se disaient les ministres d'un Dieu de douceur et de bonté, sont-ils devenus les artisans de la vengeance et de la perfidie ? Déplorons, Messieurs, les funestes effets des discordes civiles ; sous leur maligne influence, les talents et les vertus sont regardés comme des crimes ; le nom même, le nom sacré de religion est profané ; il devient l'instrument de la fureur des partis.

Cependant la Providence ne permet point que le triomphe du crime puisse se perpétuer. Le moment arrive enfin où la vérité peut se faire entendre. Elle ne tarda pas à se montrer dans tout son lustre à l'égard de Jeanne d'Arc : quatre siècles d'hommages et d'admiration ont vengé sa mémoire de l'arrêt fatal, éternel opprobre de ses juges.

Qu'il est doux de penser que du haut des demeures célestes, notre héroïne s'intéresse encore au sol qui l'a vue naître ! Sans doute elle tourne quelquefois ses regards vers cette terre qu'elle chérissait ; elle a reconnu les Français, en voyant la profonde émotion de nos âmes, lorsqu'une voix éloquente ' et si digne d'elle, celle d'un descendant des Du Lys, la célébrait au milieu de nous. N'en doutons pas, du séjour de l'immortalité, elle protégera cette École élevée par les soins des dignes Ministres d'un Prince, ami des lumières. ²

Jeunes Vierges de Domremy et de Greux, vous qui donnez tant de charmes et d'intérêt à cette fête, dirigée par le goût et les talents, ne perdez jamais de vue que c'est sous les auspices de Jeanne d'Arc que vous allez jouir des avantages de l'éducation chrétienne, que notre Monarque veut répandre sur toutes les classes de ses sujets ! Venez souvent contempler ce monument du génie et des arts ; imitez les modestes vertus

¹ M.ᵣ Haldat Du Lys, descendant d'un frère de la Pucelle d'Orléans, venait de prononcer dans l'église de Domremy l'éloge de l'héroïne des Vosges.

² L L. E E. MM. Lainé, le duc de Cazes, le comte Siméon, qui ont accordé toute leur protection à l'établissement de l'École des jeunes filles.

de celle dont vous admirez les traits ; rappelez-vous qu'au milieu des grandeurs, elle regrettait souvent les vertes forêts et les riantes campagnes de Domremy ; n'oubliez pas que les champs sont le véritable asile de la sagesse et du bonheur ! Pénétrées de reconnaissance envers votre auguste bienfaiteur, comme Jeanne d'Arc, confondez dans les mêmes sentiments le Roi et la Patrie.

Et nous, Messieurs, qui avons vu la France veuve de ses Rois, en proie à tous les déchirements, à toutes les calamités, n'avons-nous pas aussi d'utiles leçons à puiser au pied de ce monument ? S'il nous rappelle les malheurs qui pesèrent sur la Patrie, au temps des Armagnacs et des Bourguignons, il nous atteste surtout ce que peuvent les Français réunis pour défendre leurs Princes et leur pays. Par l'intrépidité de nos phalanges, combattant sous l'étendard que guidait l'héroïque Pucelle, par l'oubli des fatales divisions qui avaient fait la seule force de nos ennemis, le fier Léopard, qui se croyait fermement assis sur le trône des Lys, fut repoussé dans son île, et la Dynastie de Saint-Louis rétablie dans tous ses droits. Que le passé nous éclaire : tous nous cherchons le bonheur de la Patrie ; eh bien, tout nous dit ici que le sceptre vénéré des Bourbons peut seul l'assurer. Oubliant les haines, les dissensions, rallions-nous donc à cette race auguste, la plus illustre du monde dès le temps de Jeanne d'Arc, et qui depuis a donné à la France tant de Rois dont la mémoire vivra à jamais dans tous les cœurs français. Pénétrons-nous du bienfait de la légitimité, dogme sacré qui garantit tous les intérêts, qui préservant à la fois des factions anarchiques, des

révolutions prétoriennes et des prétentions étrangères,
peut seule poser entre le pouvoir et les libertés les
limites que ne peuvent franchir ni la licence, ni le
despotisme, ni la force des armes ! ».

VIVE LE ROI ! VIVENT LES BOURBONS !

Après que les applaudissements eurent cessé, M.^r
le maire d'Orléans parut sur le même piédestal, et fut
salué par de vives acclamations adressées aux généreux
Orléanais qui, fidèles à la reconnaissance, n'ont pas
voulu, malgré la distance des lieux, demeurer étrangers au triomphe de leur héroïne. Chacun s'empressait
d'approcher pour recueillir les paroles du premier
Magistrat de cette Ville, qui venait exprimer au nom
de ses concitoyens les sentiments d'affection qui les
unissaient aux compatriotes de leur libératrice. Le
silence ayant succédé aux témoignages de la reconnaissance publique, M.^r le comte de Rocheplatte
s'exprima en ces termes.

DISCOURS

Prononcé par M.^r le Comte DE ROCHEPLATTE, *Maire
de la ville d'Orléans.*

MM.

« LA ville d'Orléans célèbre depuis 1428, par une
cérémonie annuelle et religieuse, sa reconnaissance
pour l'illustre Héroïne qui fut sa libératrice, en même
temps qu'elle affranchit la France du joug étranger.
Toujours empressée de payer à l'immortelle Jeanne
d'Arc le tribut d'hommages dû à sa mémoire, elle n'a
pas voulu rester étrangère à ceux qui lui sont rendus
en ce jour solennel, au lieu qui l'a vue naître. Nous ve-

nons, au nom de cette Ville, connue par sa fidélité à ses Rois, ses mœurs antiques et son attachement aux saines doctrines, mêler nos voix aux acclamations de cette heureuse contrée. Et vous, honnête et brave Gérardin, nous venons aussi vous féliciter de votre louable désintéressement, qui conserve à la France le berceau de cette valeureuse fille. Vous avez ému le cœur de votre bon Roi, et obtenu de sa royale munificence une récompense digne de vous.

Quand des bords de la Loire aux rives de la Meuse, le même sentiment nous rassemble ici, Messieurs, qu'il est doux de penser qu'héritiers de l'amour de Jeanne d'Arc pour son Roi, nous saurions, comme elle, faire de notre fidélité un rempart à son trône, et rappeler après des temps malheureux, les plus beaux jours de l'empire des Lys!

Honneur à toi, noble Pucelle d'Orléans, dont tous les points de la route que nous venons de parcourir, nous ont retracé les hauts faits et la marche triomphante!

Honneur à vous, premier Magistrat des Vosges, l'amour de ce Département, vous à qui est dû l'éclat de la solennité qui fixe en ce moment l'intérêt et les regards de la France!

Au milieu du concours imposant de tant de magistrats, de tant de guerriers, de tant de bons français, quel charme vous ajoutez à cette fête brillante, sexe aimable, qui, alliant les grâces au courage, nous enseignez comme on aime son Dieu et son Roi! Vos âmes tendres et pieuses portent aux pieds des autels les vœux de la France; si j'en crois un légitime espoir, ils seront comblés, et bientôt les échos des Vosges et du Loiret

se renverront les cris joyeux qui rediront à l'envi:
VIVE LE ROI! VIVENT LES FILS DE SAINT-LOUIS! »

M.ᵣ le duc de Choiseul , Pair de France , en sa qualité de président du Conseil général du département
des Vosges, succéda à M.ᵣ le maire d'Orléans , et fixa
de nouveau l'attention du public sur les vertus de
Jeanne d'Arc, la reconnaissance de ses concitoyens
et la munificence du Roi.

DISCOURS

Prononcé *par M.ᵣ le duc* DE CHOISEUL *, pair de*
France , président du Conseil général du départe-
tement des Vosges.

MM,

« S'IL existe un bonheur réel , s'il existe une gloire
et des honneurs durables , c'est dans l'accomplissement
de ses devoirs de citoyen , c'est dans l'estime et la vénération de ses compatriotes , c'est dans la certitude
d'avoir mérité l'honorable nom de bon Français. Ces
sentiments se manifestent plus particulièrement encore , lorsque des services rendus à la Patrie répan-
dent leur éclat sur le lieu où l'on a pris naissance ;
tout devient commun alors ; on se sent couvert d'une
partie de la réputation acquise ; les liens sociaux en
deviennent plus sacrés et plus durables.

C'est le sentiment que nous éprouvons tous, Messieurs , en entrant dans cette enceinte : tout y respire
l'héroïsme, et l'on se sent plus heureux encore d'être ha-
bitant des Vosges, lorsque l'on y célèbre et que l'on
immortalise les exploits de cette fille célèbre , de cette
Jeanne d'Arc , née à Domremy.

En effet, Messieurs, est-il une gloire comparable à celle dont elle s'est couverte ? Sa valeur, ses hautes et saintes inspirations, cet amour de la religion et de la patrie qui remplissait son âme; tout a fait de cette jeune fille, l'appui de son Roi, la libératrice de son pays, l'héroïne de la France.

Ici, Messieurs, il est permis peut-être de rappeler les sentiments patriotiques qui ont animé le sage administrateur de ce Département [1] et le Conseil général que j'avais alors l'honneur de présider.

Il me serait difficile de peindre l'enthousiasme avec lequel le Conseil général décida à l'unanimité, sur la proposition d'un de ses membres, [2] l'acquisition de cette maison célèbre, et chargea M.ᵣ le préfet, ainsi que moi, de soliciter la sanction royale. Nous devions tout espérer de la bonté et de la munificence du Roi, et cette espérance ne fut pas déçue: c'est un devoir et un hommage rendus à la vérité que de faire connaître avec quels sentiments cette proposition fut reçue par l'auguste Monarque qui nous gouverne.

A peine le vœu du Département fut-il communiqué au Ministre d'alors, [3] que non-seulement il l'accueillit avec ce zèle qu'il a toujours mis à ce qui était bon et utile, mais il alla au-delà de nos espérances.

Sur son rapport, le Roi ordonna que le buste de la Pucelle serait donné par sa bonté et sa munificence; une somme considérable fut accordée pour restaurer cet antique asile; et par une de ces idées grandes et justes, qui distinguent si éminemment notre auguste Monarque, il ordonna qu'une école spéciale de jeunes

---

[1] M.ᵣ le Préfet, Boula de Coulombiers.

[2] M.ᵣ Muel.

[3] M.ᵣ le Comte, maintenant le Duc de Cazes.

filles fût établie dans l'enceinte même de la modeste demeure de la Pucelle ; que son buste, que son tableau, fruits des talents d'un artiste habile, notre compatriote, ' que l'histoire de sa vie fussent placés et fussent toujours sous les yeux des jeunes élèves, afin que sous la protection de celle qui portait l'étendard royal, qui délivra la ville d'Orléans, qui fit sacrer le Roi à Reims, elles apprissent que rien n'est impossible à l'amour de la Patrie, à la fidélité envers le Roi et à la confiance que Dieu inspire.

Quel spectacle plus imposant peut-on opposer et comparer à celui que présente aujourd'hui ce simple village ? Il réunit, à la Députation de la Ville délivrée par la Pucelle, des députations des Villes voisines, celles des Corps les plus instruits, des premiers administrateurs de l'État ; cette foule immense, cette réunion toute populaire, toute française ; ces jeux, ces fêtes, quel en est l'objet ? C'est pour honorer la mémoire d'une jeune fille pauvre, obscure, qui n'avait que son cœur, son courage et sa vertu, *une simple paysanne.*

Mais gloire à cette jeune fille, cette paysanne modeste ! Elle a effacé les plus nobles, les plus antiques origines ; elle a délivré la France, elle a rétabli son Prince sur le trône, elle est morte martyre.......

Je m'arrête : n'attristons pas ce beau jour par de terribles souvenirs ; ne pensons qu'à la gloire de notre héroïne, imitons son dévouement pour la France ; consacrons son cri de guerre, VIVE LE ROI, VIVE LA FRANCE, et ajoutons : VIVE L'AUGUSTE MÉMOIRE DE LA PUCELLE !

Et vous, Monsieur le maire de la ville d'Orléans, vous tous, Messieurs les membres de cette illustre députation, en retournant dans vos riches et belles

___
' M.ᶜ Laurent

contrées, portez à vos concitoyens l'expression de la reconnaissance profonde des habitants des Vosges. Dites-
leur que, si nous avons souvent lu avec admiration
l'histoire héroïque de cette jeune fille, qui partit de ce
village pour aller délivrer leur capitale, nous avons vu
avec un attendrissement inexprimable, quelques siècles après, une Députation de cette même Ville venir
apporter sur le seuil de cette chaumière un tribut
d'honneur et de reconnaissance, consacrer cette fête
royale et nationale par sa noble présence, et mêler ses
acclamations à celles dont nous entourons la statue
de l'héroïne française. ».

Le discours de M.ᵣ le duc de Coiseul excita les plus
vifs applaudissements, après lesquels le cortége et
tous les spectateurs, remplis de la gloire de l'héroïne
et des hauts faits dont on venait de les entretenir, s'a-
vancèrent vers la prairie où devaient s'exécuter les jeux
destinés à terminer la fête inaugurale. Les fonctionnaires et les membres de Députations se réunirent sous
la plus vaste tente, où se forma bientôt une assemblée
nombreuse et choisie. M.ᵣ le maire d'Orléans profita
de cette réunion pour distribuer à M.ᵣ le préfet, à M.ᵣ
le sous-préfet, à M.ᵣ le maire de Neufchâteau, à M.ᵣ le
duc de Choiseul, à M.ᵣ Jollois et à M.ᵣ de Haldat l'aîné,
des médailles de bronze représentant la statue de Jeanne
d'Arc, érigée à Orléans, et sur le revers de laquelle se
trouve rappelée la présence de la Députation d'Orléans [1] à la fête inaugurale.

Après quelques instants de repos, les Députations
sortirent pour jouir du spectacle brillant qu'offrait la

[1] Depuis, la ville d'Orléans a envoyé aux principaux Députés
de nouvelles médailles dont le revers a été gravé exprès pour rappeler cet événement.

réunion de 15 mille personnes, toutes occupées comme acteurs ou comme spectateurs, toutes animées du désir de prendre part à une solennité qui avait élevé tous les esprits, touché et réuni tous les cœurs. Ils assistèrent successivement aux divers exercices; d'abord aux danses champêtres qui s'exécutaient en plusieurs endroits de la prairie, au son d'instruments par fois discordants, mais qui inspiraient la gaîté la plus franche, ensuite aux carrousels où la jeunesse prenait plaisir, soit à enlever la bague dans une rotation vive, soit à éprouver les variations rapides de la roue de fortune. Ils ne négligèrent pas de visiter les chanteurs qui célébraient par de joyeux couplets les exploits et les vertus de l'héroïne, et apprenaient aux habitants des campagnes à répéter ses louanges.

Le soleil s'abaissait vers l'occident : il était cinq heures, et l'ombre du coteau que couronne le Bois-Chenu commençait à s'étendre sur la prairie. Un nouvel exercice allait occuper tous les spectateurs. Une troupe de cavaliers vêtus et armés comme au temps de Jeanne d'Arc, le casque en tête et la visière baissée, se présenta pour enlever des couronnes qu'ils ne pouvaient atteindre qu'avec la lance dont ils étaient armés. Ce spectacle extraordinaire et brillant attira bientôt tout le public ver la partie de la prairie voisine de la route : il s'y forma une double haie d'une immense étendue, au milieu de laquelle les cavaliers déployaient leur adresse. M.¹ le préfet et plusieurs membres des Députations se placèrent sur une estrade élevée vis-à-vis du but, pour juger de l'adresse des concurrents et adjuger les prix qui étaient proposés. Chaque cavalier parcourait isolément l'espace assigné et devait enlever en passant rapidement la couronne qui lui était présentée. Plusieurs d'entr'eux se signalèrent dans cette lutte ; enfin après une demi-heure de tentatives plus ou moins heureuses, les noms des vainqueurs furent proclamés, et le prix, qui consistait en un fusil de chasse, fut adjugé au plus habile. Le public prit beaucoup de plaisir à ce spectacle, et applaudit à la fois à l'adresse des cavaliers et à l'ingénieux inventeur de cette joûte paisible, propre à rappeler les luttes sanglantes dans lesquels notre héroïne avait déployé son courage.

La fête durait déjà depuis le milieu du jour, et les spectateurs presque constamment debout, commençaient à sentir le besoin de réparer leurs forces. En peu d'instants les tentes des cafetiers, des restaurateurs, des marchands de vin furent occupées par des convives joyeux. La prairie elle-même devint une immense salle à manger, où les sociétés, les familles grouppées de tous côtés sur l'herbe, prenaient avec gaîté un léger repas. Dans ce moment les Autorités et les Députations se réunirent dans la vaste tente où avait été préparé un banquet de 60 couverts, par le Département des Vosges. L'élégance et la somptuosité avaient dirigé le service. La gaîté et la cordialité présidèrent au repas que terminèrent des toasts dictés par l'admiration, le respect, la reconnaissance, et auxquels le public joignit ses acclamations. La santé du Roi et de son auguste Famille, celle de la ville d'Orléans et de ses nobles Députés, du département des Vosges et de son premier magistrat, de M.ʳ le duc de Choiseul, pair de France, de M.ʳ le vicomte de Riccé, préfet du Loiret, et de M.ʳ le maire de Neufchâteau furent successivement portées par les convives et répétées dans toute l'étendue de la prairie.

Pendant que les Députés célébraient, par les derniers toasts, la mémoire de Jeanne d'Arc, la nuit répandait lentement ses ombres, et déjà l'obscurité régnait sur la prairie. Un signal fut donné, et l'art suppléant à la nature, les lampions placés aux limites de l'enceinte, répandirent une douce lumière; la tour de l'église de Domremy, la maison de Jeanne d'Arc, le nouvel édifice et la fontaine monumentale, et les clochers de tous les villages environnants, jusqu'aux limites de l'horison, brillèrent de l'éclat le plus vif; l'arc-de-triomphe attirait particulièrement les regards. Les tableaux dont nous avons parlé, éclairés avec art, devinrent des transparents agréables où se virent plus distinctement les emblêmes et les inscriptions que nous avons décrits. L'image équestre de l'héroïne fut saluée par de nombreux applaudissements ; mais bientôt l'atmosphère elle-même se remplit de feux qui annonçaient au loin l'alégresse publique et la satisfaction générale, et qui firent long-temps pâlir les astres de la voûte céleste. Un si beau jour cependant devait se terminer. La nuit s'avançait ; les spectateurs, les députations furent contraints de se séparer, et après des marques réitérées d'estime et de reconnaissance, ils reprirent les directions différentes qui les avaient amenés à Domremy. La Députation de Nancy et celle des Vosges retourna à Neufchâteau ; celle d'Orléans se rendit à Vaucouleurs : tous emportant avec eux le souvenir d'une solennité qui avait satisfait tous les bons Français, et le désir d'en perpétuer la mémoire par quelqu'institution propre à la rappeler chaque année.

FIN DE LA DESCRIPTION DE LA FÊTE INAUGURALE.

DISSERTATION

SUR L'AUTHENTICITÉ DE LA MAISON

DE JEANNE D'ARC.

Aussitôt que le Conseil général du département des Vosges, animé d'un louable patriotisme, eut déterminé d'acheter la maison où la tradition a placé le berceau de Jeanne d'Arc et de faire exécuter des travaux pour la réparer et la conserver; le nom de la libératrice d'Orléans, de l'heureuse émule des Duguesclin et des Dunois électrisa tous les cœurs, et chacun, à l'envi, s'empressa de lui payer un tribut d'hommages, sans examiner si l'humble cabane à laquelle s'adressaient tant de respects, était celle de Jacques d'Arc, père de l'illustre Jeanne. J'ai pensé qu'à la suite de la description de la fête célébrée en son honneur, le lecteur ne verrait pas sans intérêt la réunion des témoignages sur lesquels repose l'authenticité de l'édifice désormais consacré à la vénération publique.

Les preuves les plus irrécusables seraient sans contredit celles que fourniraient des actes authentiques revêtus de toutes les formalités d'usage; malheureusement on ne peut en produire de cette espèce, et les causes de leur destruction ne sont pas difficiles à indiquer. Le peu de soin donné, à cette époque, à la conservation des actes, les accidents fortuits, l'action destructrice du temps, mais sur-tout les émigrations fréquentes des habitants des campagnes, souvent obligés à cette époque malheureuse de fuir vers les villes

5

fortifiées pour se soustraire aux vexations des gens de guerre, ont dû causer la perte de beaucoup de titres. De frêles papiers en effet ont bien pu périr à la suite de ces incursions désastreuses, puisqu'elles ont ruiné beaucoup d'édifices publics dont les débris sont encore maintenant les témoins irrécusables. Mais à défaut de ces preuves, la tradition ne peut-elle être admise pour établir l'authenticité de la maison de Jeanne d'Arc? Nous n'hésitons pas à le croire, puisque des faits d'une plus grande importance sont regardés comme avérés, quoiqu'ils ne reposent que sur des preuves de la même espèce. Nous admettrons donc l'autorité de la tradition; cependant pour lui accorder notre confiance, nous voulons qu'elle offre les caractères qui en assurent les témoignages: qu'elle soit constante, uniforme, d'accord avec les historiens contemporains, et appuyée par les monuments, espérant trouver toutes ces conditions réunies dans les preuves qu'elle va nous fournir.

Nous n'entreprendrons pas ici la réfutation des écrivains ignorants ou bizarres qui se sont efforcés de répandre le doute sur l'origine et le lieu de la naissance de Jeanne d'Arc. Tout ce qui a rapport à cette partie de son histoire, repose sur des témoignages si certains, qu'une telle discussion serait superflue, pour ne pas dire ridicule. Jeanne d'Arc est née à Domremy, cela ne peut être contesté, et par conséquent elle est née dans la maison de Jacques d'Arc son père : tous ses compatriotes, appelés à la révision de son procès, l'ont déclaré; elle l'a elle-même répété plusieurs fois devant ses juges. Notre tâche se borne donc à prouver que la maison réparée à Domremy fut celle de

Jacques d'Arc. Une première source d'illusion serait
que sa famille eût possédé, à l'époque de la naissance
de l'héroïne, ou peu de temps après, plusieurs maisons dans le même village ; mais cette hypothèse n'a
nulle probabilité. Au rapport de Charles Dulys, avo-
cat général à la cour des Aides de Paris, et que je
désignerai désormais sous le nom de Dulys de Paris,
Jacques d'Arc était originaire de Sept-Fonds, près
Montirander en Champagne. Établi à Domremy après
son mariage, et n'ayant encore qu'une famille composée de peu de personnes, il n'avait certainement besoin que d'une seule habitation. Sa famille devint
ensuite plus nombreuse ; cependant nous ne croyons
pas qu'elle dût posséder plusieurs habitations, parce que
l'illustration de Jeanne et les avantages qu'elle procura
à ses frères les éloignèrent du lieu de leur naissance.
Après la mort de Jacques d'Arc, qui survécut peu de
temps à son illustre fille, sa maison continua à être
habitée par Isabelle Romée sa veuve, qui ne l'occupa
cependant que jusqu'en 1438, époque où elle se retira
à Orléans, fixée dans cette Cité par les témoignages
de la reconnaissance publique et par une dotation dont
elle a joui jusqu'à sa mort. [1]

La maison de Jeanne d'Arc dut ensuite être possédée
par Jean Dulys, prévôt de Vaucouleurs, second frère
de l'héroïne, puisque Pierre, le plus jeune de la famille, s'était établi près d'Orléans ; ensuite par Claude
Dulys, procureur fiscal des villages de Domremy et
de Greux pour le comte de Salm ; par Étienne ou
Thevenin Dulys ; par Claude Dulys, curé de Domremy et de Greux et par Didier Dulys, neveux ou

[1] En 1458.

petits-neveux de Jeanne, et par les descendants de Claude Dulys. C'est probablement de ces derniers que parle Montaigne dans le journal de son voyage à Domremy, en disant : *Ils nous montrarent les armoiries que le Roi leur a données.* A une époque voisine de la naissance de Jeanne, et un demi-siècle après son illustration, la maison de Jacques d'Arc, son père, a donc suffi à sa famille. Que ses descendants établis à Domremy, plus nombreux dans la suite, aient possédé plusieurs maisons dans ce village, cela n'a rien d'impossible, quoique nous n'ayons aucun renseignement positif à cet égard ; mais il nous suffit de prouver qu'à cette époque éloignée, cette famille n'en possédait qu'une, et que c'est celle aujourd'hui présentée au public comme le berceau de la Pucelle d'Orléans. Nous allons de nouveau interroger la tradition sur cet objet.

Dans une durée de trois siècles et demi, trois époques certaines suffiront sans doute pour établir la constance de la tradition, si nous prouvons qu'à ces différentes époques c'est bien le même édifice qui a été considéré comme la maison où est née l'héroïne. Mais nous pourrions en fournir un plus grand nombre ; mon bisaïeul, mon aïeul, mon père et moi formons déjà une suite d'époques qui donnent une durée de 180 ans et qui remontent vers le milieu du 16ᵉ siècle, pendant laquelle il est certain que la tradition n'a pas varié. Montaigne qui a visité cette *maisonnette*, comme il la nomme en 1580, c'est-à-dire, 90 ans auparavant, nous en fournit une seconde également certaine, durant laquelle la tradition est encore univoque et constante. Les armoiries placées sur la porte de la maison

et que nous prouverons bientôt être celles de Claude
Dulys, procureur fiscal du comte de Salm, nous en
fournissent enfin une troisième, qui nous conduit jusqu'en 1498, ou 68 ans après la mort de Jeanne. Si
nous prouvons qu'à cette époque Claude Dulys possédait la maison illustrée, comme il ne devait, en sa
qualité de neveu de Jeanne ou petit-fils de Jacques
d'Arc, la posséder qu'à titre d'héritage, nous aurons
un témoignage irrécusable de son authenticité. Les in-
tervalles assez longs qui se trouvent entre les époques
desquelles nous tirons les preuves de la continuité et
de l'invariabilité de la tradition, ne peuvent donner
lieu à aucune interprétation défavorable à notre opinion; car les témoins que nous avons cités n'ont pu
connaître par eux-mêmes la maison de Jeanne d'Arc;
ceux qui la connaissaient avant eux furent donc la
source à laquelle ils puisèrent cette connaissance; il
existe donc nécessairement entre ces témoins une tradition non interrompue qui nous conduit jusqu'à l'héroïne.

Le petit nombre d'écrivains qui ont adopté, sur
l'origine de Jeanne d'Arc, des opinions si opposées
aux témoignages authentiques fournis par son procès,
seraient les seuls que l'on pourrait opposer à la croyance
générale, qui place son berceau dans la maison attribuée à sa famille; mais aucun d'eux n'en a parlé di-
rectement, et les bizarreries de leur système les ont
tellement discrédités, que leur opposition est sans autorité. Tous les écrivains, au contraire, qui cédant
aux preuves les plus évidentes, aux déclarations réitérées de l'héroïne, de ses parents, de ses compatriotes,
de ses compagnons d'armes, l'ont reconnue pour fille

de Jacques d'Arc, nous fourniront les témoignages les plus favorables à notre opinion, si nous parvenons à prouver que la maison qui a été l'objet des soins généreux du Conseil général du département des Vosges est bien la même que celle qui fut occupée par Claude Dulys, visitée par Montaigne et depuis par mon bisaïeul. D'abord la manière dont notre philosophe la désigne lui convient parfaitement ; *la maisonnette où elle naquit*, dit-il dans le journal de son voyage, *est toute peinte de ses gestes ; mais l'âge en a fort corrompu la peinture.* [1] La maison de Jeanne d'Arc n'est en effet qu'une maisonnette, aujourd'hui la plus chétive du village ; elle ne présente aucune trace des peintures dont il est question, ce qui doit être, puisqu'il y a 241 ans qu'elles étaient déjà fort affaiblies. Nous ne pouvons croire que par ce mot *peinte* l'auteur ait entendu parler des écussons et inscriptions en relief placés au-dessus de la porte, qui étaient parfaitement intacts au commencement de la révolution, et qui même après en avoir éprouvé les injures, étaient encore très-faciles à distinguer avant leur restauration. Mais ce sont bien moins les indications succinctes de ce grand écrivain qui servent à nous faire reconnaître la maison de Jeanne d'Arc, que sa simple déclaration. Le voyageur qui nous parle du monument qu'il a visité est pour nous un historien contemporain qui a recueilli en 1580 le témoignage des compatriotes de l'héroïne, parmi lesquels les plus âgés pouvaient avoir vécu avec les contemporains de Claude Dulys, et les plus jeunes avec ceux qui ont fait connaître la maison de Jeanne d'Arc à mon bisaïeul. Ainsi, ce célèbre voya-

[1] Tome 1, page 18.

geur est un historien qui ayant communiqué avec les
arrière-petits-fils de Jean Dulys à Domremy et à Vaucouleurs, a pu nous fournir sur l'authenticité du berceau de leur illustre tante les déclarations les plus
dignes de confiance.

Guidés par ces témoignages irrécusables et par
une tradition non interrompue jusqu'à l'époque de
Claude Dulys, il ne nous reste qu'un seule preuve à
établir, c'est que la maison a été possédée par ce neveu
de Jeanne d'Arc ; et comme cet argument est propre
à porter la conviction dans l'esprit de tous ceux
qui pourraient avoir conservé quelques doutes, nous
avons dû le tenir en réserve pour assurer le triomphe
de notre opinion. Les preuves de la possession de
la maison de Jeanne d'Arc par Claude Dulys, que nous
voulons exposer, ne seront pas appuyées de titres dou-
teux, de témoignages apocryphes ; ils nous seront fournis par le même monument religieusement conservé depuis son érection vers le milieu du 15.° siècle jusqu'à
ce jour, constamment regardé comme un objet de
vénération et le témoin irrécusable de l'authenticité de
la maison de Jeanne d'Arc. Les armoiries dont il se
compose, les inscriptions qu'il offre de concert avec
les documents historiques, nous prouvent en effet
que la maison qui les présente, a été habitée par Claude
Dulys. Tous les observateurs ont trouvé dans l'é-
cusson aux armes de la famille d'Arc ou Dulys,
la preuve que cette habitation avait appartenu à quel-
ques-uns de ses descendants. La date inscrite sur le
monument prouvait encore que l'individu auquel elle
avait appartenu, vivait à l'époque qui s'y trouve indi-
quée ; mais est-ce dans la descendance du premier,

du second ou du troisième des frères de l'héroïne qu'il doit se rencontrer ?

On sait que Jacquemin d'Arc, qui fut l'aîné, demeura à Domremy, pendant que ses frères suivirent leur vaillante sœur dans les armées de Charles VII, et qu'il y mourut sans postérité après le martyre de la guerrière ; que les descendants du troisième frère Pierre d'Arc, dit le chevalier Dulys, se fixèrent à cette époque dans l'Orléanais et la Champagne. Nous ne pouvons donc trouver le possesseur de la maison de Jeanne d'Arc que parmi les descendants de Jean Dulys, prévôt de Vaucouleurs, son second frère. Claude Dulys son fils aîné qui vivait à cette époque, se présente naturellement comme le possesseur de cette maison. Tous les doutes qui pourraient exister à cet égard, sont éclaircis par les preuves qui se tirent du second écusson accolé à celui de la famille d'Arc. Un acte de partage entre Claude Dulys et Jean Thiesselin, son beau-père, rapporté par Charles Dulys, de Paris, [1] prouve qu'il avait épousé Nicole Thiesselin. Les armoiries des Thiesselin, comme il est prouvé par le nobiliaire de Lorraine, sont en effet les mêmes que celles placées à gauche de la porte. Claude Dulys est le seul de sa famille qui, à cette époque, ait épousé une Thiesselin; il a donc évidemment possédé la maison qui porte les armoiries de sa famille, réunies à celles de son épouse. Le second écusson composé de trois socs de charrue et d'une molette d'éperon, n'est donc pas comme quelques personnes l'ont imaginé, l'indice de la profession agricole de la famille de Jaques d'Arc, mais le signe de l'alliance de son

[1] Page 20 de son Recueil, seconde Partie.

petit-fils avec les Thiesselin. La maison conservée et
restaurée par les soins et aux frais du département des
Vosges, étant bien la même que celle possédée par le
neveu de Jeanne d'Arc, il ne peut rester de doute
qu'elle n'ait été celle de Jacques d'Arc, son aïeul. Si l'on
proposait encore quelques objections, elles ne pourraient donc porter que sur l'authenticité du monument,
sur le déplacement qu'il a éprouvé et sur la longue durée
attribuée à la maison de Jeanne d'Arc : nous voulons
aussi examiner et résoudre ces difficultés.

Sans doute il est des monuments sur l'authenticité
desquels un œil même exercé peut demeurer indécis ; mais les caractères de celui qui nous occupe,
sont si frappants, son ancienneté si manifeste, sa
date même si facile à assigner, qu'il est impossible de
la méconnaître. D'abord on ne peut douter qu'il n'ait
été construit avec la porte ; ses proportions sont telles
qu'il en occupe précisément la largeur ; de plus, il est
de la même pierre que les jambages ; et les moulures
communes à toutes ses parties prouvent qu'elles appartiennent à la même construction. La couleur de la
pierre, ouvrage du temps, inimitable à l'industrie humaine, fournit un argument plus favorable encore à
l'authenticité de ce monument. La sculpture, toute
simple qu'elle est, est du style de l'époque de son
érection. Les caractères des inscriptions sont ceux du
quinzième siècle, et le peu d'érudition des artistes du
pays me semble offrir une garantie suffisante contre
toute falsification. Enfin la date qu'on y lit, fournit un
autre argument à la force duquel il est difficile de résister. L'explication que nous donnons de cette inscription
nous semble lever les difficultés qui se sont présentées
dans son interprétation.

Au lieu de 1441 je lis 1461, ne doutant pas que les signes placés au-dessus de la ligne n'expriment des dixaines, première année du règne de Louis XI, dont le nom se trouvant rappelé dans une seconde inscription, rendrait celle-ci inexplicable si l'on rejetait l'interprétation que je propose. Le monument remonterait ainsi à 1461, trente et un ans après la mort de l'héroïne, quelque temps avant la dernière révision de son procès et sa réhabilitation définitive, ordonnée par Louis XI, ce qui explique la dévise : *Vive le Roi Loïs*. Quelle que soit au reste l'opinion qu'on veuille adopter sur le sens des inscriptions, le monument sera toujours postérieur à la naissance de Jeanne d'Arc, à l'époque de son départ pour l'armée de Charles VII. Il nous prouvera toujours que cette maison a été habitée, 31 ans après sa mort, par son neveu, qui devait la posséder à titre d'héritage.

Avant la restauration ordonnée par le département des Vosges, le monument se trouvait placé sur la porte d'un édifice de construction récente; mais personne ne s'est avisé d'en tirer un argument contre l'authenticité de la maison de Jeanne d'Arc. Non seulement parce que M.ʳ Gérardin a déclaré qu'il y avait été transporté par son père, mais encore parce que les dimensions de l'entrée et la forme des moulures s'y rapportaient si exactement, que son origine était évidente.

S'il restait encore quelque objection à résoudre, elle ne pourrait donc se tirer que de la durée attribuée à cette maison qui maintenant a plus de quatre siècles. Il est vrai que la plupart des constructions rurales ne durent pas aussi long-temps; mais il ne l'est pas moins qu'il en est de cette espèce qui remontent à des époques plus éloignées encore. On doit remarquer de plus que la pierre de Domremy est de bonne qualité; qu'on y a employé une assez grande quantité de tailles; que l'intérieur offre plusieurs objets, tels qu'une cheminée et une petite armoire en pierre dont la coupe et les ornements conviennent à l'époque qu'on lui assigne, et qu'à l'exception de quelques réparations faciles à reconnaître, il n'y a rien de moderne dans cet édifice; qu'au contraire les parties principales de la construction offrent le caractère de l'antiquité la plus évidente.

Je n'accumulerai pas inutilement un plus grand nombre de preuves en faveur de l'authenticité de la maison de Jeanne d'Arc : il me suffit d'avoir dissipé les doutes que les écrivains bizarres, ou injustement choqués d'une si grande illustration, ont cherché à répandre sur un sujet qui a été l'objet de plusieurs controverses, et d'avoir ainsi acquitté envers mes compatriotes, envers le Conseil général du département des Vosges et son premier Magistrat, un devoir que m'impose à plusieurs titres l'attachement et la reconnaissance.

DISSERTATION

SUR LES MONUMENTS CONSACRÉS A LA MÉMOIRE

DE JEANNE D'ARC,

DANS L'ANCIENNE PROVINCE DE LORRAINE.

———

Si l'éclat donné au vœu émis par le Conseil général du département des Vosges pour la restauration de la maison de Jeanne d'Arc n'eût excité que la reconnaissance publique, il ne nous resterait qu'à joindre nos éloges à des applaudissements si bien mérités ; mais cette entreprise d'ailleurs si patriotique a semblé en imposer aux personnes peu versés dans l'histoire de Lorraine, au point d'accuser nos pères d'ingratitude envers l'héroïne de Domremy, dont on suppose qu'ils auraient laissé languir la mémoire dans un injuste oubli. De tous les trophées élevées autrefois dans notre Province, il n'en est sans doute aucun qui ait égalé ceux qui lui ont été récemment consacrés ; mais pour avoir été moins magnifiques, nos ancêtres ne furent pas ingrats. Lorsque la modicité de leur fortune ne leur permettait pas d'ériger des monuments somptueux, ils en ont élevé de modestes ; ils en ont créé sans frais, en donnant le nom de l'illustre Jeanne aux objets les plus remarquables dans le pays ; ils ont ainsi conservé, parmi les habitants des campagnes voisines du lieu de sa naissance, le souvenir de ses vertus et la vénération due à son dévouement héroïque. Au reste, la célébrité de son nom dans les temps voisins de son illustration, était si grande qu'elle rendait ces hommages absolument inutiles. Lors donc que nos pères se seraient montrés moins empressés que nous à célébrer sa mémoire, ils ne mériteraient pas le reproche qu'on a voulu leur adresser. Je les vengerai cependant de cette accusation, en consacrant quelques pages à la description et à l'énumération des témoignages de leur reconnaissance et de leur admiration envers l'héroïne. Ainsi, je fournirai encore de nouveaux arguments contre les écrivains qui ont tenté de répandre le doute sur son origine, et d'obscurcir, par des hypothèses insoutenables, l'éclat de sa renommée.

D'après le but que je me suis proposé, on ne s'étonnera pas de ne rencontrer ici aucun détail sur les ouvrages d'arts consacrés à Jeanne d'Arc en d'autres Provinces. Les monuments de Rouen, ceux du pont d'Orléans, la statue colossale élevée à grands frais par cette Ville célèbre, n'appartiennent pas au plan que je me suis tracé : ils se trouvent d'ailleurs dans un si grand nombre d'ouvrges, que leur description ne serait qu'une répétition inutile. Je ne m'occuperai que des monuments de cette Province, qui pour être moins connus n'en sont pas moins dignes de mémoire, les uns comme témoignages historiques, les autres comme productions d'un art qui a eu ses phases dans notre pays. Les monuments de Domremy seront les premiers qui fixeront notre attention.

Ceux de nos lecteurs qui n'ont visité ce village que depuis le rétablissement de la chaumière illustrée, seront surpris sans doute de trouver ici décrits des objets qui n'ont pas attiré leur attention. Il est vrai

que, si on ne les jugeait que sur leur apparence, ils sembleraient peu dignes de la fixer. Mais ce n'est pas de
leur somptuosité que nous devons nous occuper; ils
auront assez d'importance s'ils fournissent des témoignages propres à confirmer les récits de l'histoire et
à dissiper les doutes d'une critique hasardée. Le premier dont nous parlerons est celui qui a toujours été
considéré comme le témoin irrécusable de l'origine de
Jeanne d'Arc, et l'indice certain de l'authenticité de
la maison où l'on croit qu'elle est née. Ce monument
est composé de deux pierres de cinq ou six pieds de
long sur cinq de large, et forme le ceintre de la porte de
la maison de Jacques d'Arc son père. Il est d'une
extrême simplicité, et renferme dans un espace
assez resserré trois écussons, trois inscriptions et plusieurs ornements que nous examinerons successivement. Toute la sculpture est circonscrite par une
courbe qui des deux jambages de la porte s'élève pour
former une ogive qui la couronne et en occupe toute
la largeur.

L'espace que renferme cette courbe est un plan
déprimé au-dessous de la surface commune de la mu-
raille, dans lequel sont compris les écussons et les inscriptions. Le sculpteur en a fixé la position par la réunion de quatre moulures saillantes qui établissent trois
subdivisions. Les deux du milieu figurent une espèce
d'ogive dans l'ouverture de laquelle sont les armes de
France; les latérales forment deux courbes surbaissées
sous lesquelles sont placés les deux autres écussons: à
droite celui de la famille d'Arc ou Dulys, composé
d'une épée verticale, la pointe en haut surmontée
d'une couronne et flanquée de deux Fleurs de Lys.

A gauche est l'autre écusson de même forme et de même dimension, rempli par trois figures, où les uns ont vu des fers de lance ou de flèche, et d'autres, des socs de charrue. Le centre du triangle formé par les trois figures est occupé par une étoile à cinq pointes; entre les deux écussons sur une même plate-bande qui les joint, se trouve l'inscription suivante : *Vive le Roi Loïs*; au-dessus de l'écusson aux armes de France, en plus petits caractères on trouve : *l'an mil quatre cent quarante-un* que nous lisons mil quatre cent soixante-un. La troisième inscription, placée au-dessus de celle-ci, est en caractères plus petits encore, et porte : *Vive labeur.* Enfin, dans l'espace curviligne que forme la pointe de l'ogive centrale, le sculpteur a figuré une gerbe de blé dont les éléments sont réunis par un sarment, et sur les côtés il a placé une serpette ou une faucille.

Tous ces objets sont tirés de la pierre sur le fond de laquelle ils forment une saillie de trois à quatre lignes. La sculpture est généralement médiocre, cependant d'une main exercée. Les caractères sont conformes à l'écriture usitée au 15ᵉ siècle. Toutes ces figures étaient parfaitement conservées avant la révolution, à l'époque où la description dont je me sers a été faite. Mais elles ont été dégradées, pendant le règne de la terreur, par des hommes qui ne trouvaient d'honorable que les exploits révolutionnaires. Heureusement la couleur du fond de la pierre contrastait tellement avec celle des parties détruites, que leur forme parfaitement distincte a permis de les rétablir sans la moindre erreur. La facilité avec laquelle une main ignorante peut, au moyen du premier corps dur qui s'offre à sa fureur destructive, altérer les caractères, et les figurer en

saillies , montre ici dans tout son jour la judicieuse pré-
voyance de l'antiquité , dont les inscriptions gravées
en creux sont à la fois plus faciles à tracer avec régularité et bien plus difficiles à altérer.

Le monument dont nous venons de donner la description , maintenant rétabli dans la place qu'il occupait anciennement , a été pendant quelque temps dé-
placé par le sieur Gérardin , père du dernier propriétaire de la maison de famille d'Arc. Le désir qu'il avait
de l'offrir aux regards du public , l'avait déterminé à
l'exposer au-dessus de la porte de la nouvelle maison
qu'il avait bâtie en avant de la chaumière de Jeanne.
Mais l'exacte proportion de ce ceintre avec la largeur de la porte à laquelle il avait appartenu , et la
parfaite correspondance des moulures qui , des jambages s'élèvent pour former l'ogive , en montrent
l'origine et la rendent évidente aux yeux les moins exer-
cés. M.r Gérardin avait encore placé au-dessus de ce
monument une statue qui ne lui a jamais appartenu ,
et à laquelle nous consacrerons un article dans cette
dissertation

Le monument de la maison de Jeanne d'Arc étant
bien connu par la description que nous venons de
faire, nous allons essayer d'en donner l'interprétation.
J'ai prouvé ailleurs son authenticité , et j'ai fait connaître son origine : ce que j'en dirai dans la suite servira
à confirmer les preuves que j'ai rassemblées. L'écusson
aux armes de France établi sur la porte d'une maison
particulière , pourrait ailleurs n'être qu'une décoration
dictée par la fantaisie. Mais la place qu'il occupe et sa
réunion avec les armoiries d'une famille dévouée au
Prince , indiquent assez qu'il n'est pas un simple or-

nement. Exposé dans la partie la plus élevée et la plus
apparente du monument, au-dessus des armoiries de la
famille d'Arc , il annonce évidemment son attachement
à la cause royale long-temps douteuse avant les exploits
de son illustre Jeanne. Mais la réunion de ces écussons et
leur position ne sont-elles que le témoignage du dévouement de cette famille? Les distinctions honorables et les
bienfaits qu'elle avait reçus de Charles VII et de ses successeurs , donnent lieu de croire que c'est encore l'expression de sa reconnaissance. L'inscription *vive le Roi
Loïs*, placée immédiatement au-dessus de l'écusson aux
armes de France, ne peut guères laisser de doute à cet
égard. Ce cri d'attachement et de dévouement des
Français à leur Prince, doit annoncer la reconnaissance de la famille d'Arc pour Louis XI, qui lui avait
confirmé les grâces accordées par son père , et qui
se disposait à lui rendre une justice plus éclatante, en
ordonnant la révision d'un procès où devaient briller de
nouveau l'innocence et les vertus de son héroïne. La
famille de Jeanne, que la faveur des Rois n'avait pu
consoler de sa perte et sur-tout du déshonneur imprimé à son nom par le parti Anglais, dut en effet
éprouver le sentiment de la vive reconnaissance, dont
l'inscription citée est l'expression fidèle.

L'inscription *vive labeur* est susceptible de plusieurs
interprétations ; mais elle est généralement considérée
comme relative à la vie agricole, à laquelle était attachée la famille de Jacques d'Arc avant l'illustration
de Jeanne. La gerbe de blé entourée de sarments est en
effet d'accord avec cette explication. L'auteur du monument paraît donc avoir voulu consacrer le souvenir

6

de sa modeste origine, de son attachement au trône légitime et de sa reconnaissance envers le Monarque.

L'explication que nous venons de donner de diverses parties du monument ne me semble susceptible d'éprouver aucune opposition, parce que, d'accord avec l'histoire, elle est encore conforme à l'opinion générale. Il n'en serait peut-être pas de même de l'écusson placé à gauche, et de l'inscription qui assigne l'époque de l'érection de ce monument, si nous n'établissions les preuves qui fondent notre opinion. Quoique les trois figures dont se compose cet écusson puissent être prises pour des fers de lance ou de flèche, le public y a généralement vu des socs de charrue. L'obliquité de la partie prise pour la douille du fer de lance, assez sensible sur l'écusson que nous décrivons, mais très-évidente sur la tombe des Thiesselins dans l'église de Domremy, où sa grande dimension la rend plus distincte, a sans doute propagé cette opinion, d'ailleurs conforme à la tradition. Mais ce qui ne laisse aucun doute à cet égard, c'est l'armorial de Lorraine où se trouve le blason des Thiesselins parfaitement semblable à celui du monument, et à celui de deux personnages de cette famille, dont les noms sont connus par l'inscription réunie à l'écusson gravé sur leur tombe. ¹ Il ne peut donc rester aucun doute, ni sur la composition de ces armoiries, ni sur la famille à laquelle elles appartiennent; réflexion qui suffit sans doute pour réfuter l'opinion de ceux qui, au lieu des armoiries d'une famille connue, prétendent

¹ « Trois socs de charrue d'argent posés deux et un à une molette d'or placée au point d'honneur.

ÿ trouver les emblèmes de la vie agricole, que l'on sait avoir été l'état de la famille de Jacques d'Arc, avant l'entreprise héroïque de sa fille.

Cet écusson appartient à la famille des Thiesselins : nous venons de le prouver; mais pour quelle raison trouve-t-on ici des armoiries autres que celles de la famille de Jeanne d'Arc ? Cette question ne peut présenter de difficultés qu'à ceux qui ignoreraient les usages des familles nobles, dont les alliances ont toujours été indiquées par la réunion des armoiries qui leur sont propres. L'alliance de la famille d'Arc avec les Thiesselins, annoncée par le monument, est confirmée par l'histoire qui nous fournit de précieux documents pour en découvrir l'auteur. Claude Dulys, procureur fiscal des seigneuries de Domremy et de Greux, pour le comte de Salm, avait épousé Nicolle Thiesselin, comme le prouve un acte de partage en date du 20 Septembre 1490, rapporté par Charles Dulys, à la page 20 de son recueil. Vivant à cette époque, il est le seul qui ait épousé une Thiesselin; et comme il était fixé à Domremy par ses fonctions et les propriétés qu'il tenait de Jacques d'Arc son aïeul, il est impossible de ne pas voir en lui l'auteur d'un monument évidemment érigé par un membre de la famille de Jeanne. Pénétré de reconnaissance pour le prince qui allait lui rendre l'honneur, il a voulu manifester ses sentiments et les transmettre à la postérité par une construction simple, propre à les rappeler à ses compatriotes, et qui nous fournit aujourd'hui les preuves les moins équivoques de l'authenticité de la maison où est née l'héroïne.

Il ne nous reste maintenant qu'une seule interprétation à donner : celle de l'inscription qui comprend la date du monument ; mais elle est d'autant plus importante, que l'explication vulgaire renferme une contradiction qui semblerait rendre suspecte l'authenticité du monument, d'ailleurs établie sur un grand nombre de témoignages irrécusables. En lisant 1441, comme le veulent quelques personnes, on ne pourrait expliquer l'inscription *vive le Roi Loïs*, qui certainement est de la même époque ; puisque Louis XI, le seul de nos Rois, dont il puisse être ici question, n'a pas régné avant 1461. L'authenticité du monument étant démontrée, on est donc forcé d'adopter une autre interprétation. Elle s'offre naturellement en considérant les deux signes placés au-dessus du millésime comme deux x qui, représentant deux dixaines, donneront 1461. Les deux lignes étant de petite dimension, il aurait été impossible au sculpteur de les rendre bien dictinctes avec la pierre sur laquelle il travaillait ; mais quand on n'y verrait que deux traits, ils indiqueraient des abréviations très-usitées au 15ᵉ siècle ; ils représenteraient encore des dixaines, parce que la place qu'ils occupent est celle des dixaines supprimées, et que si la suppression a été déterminée par le manque de place, elle a dû s'exécuter sur les figures qui en occupent davantage ; ce qui est propre aux dixaines. Enfin, le rapprochement de l'époque de la réhabilitation définitive de Jeanne d'Arc, ordonnée par Louis XI et de l'année 1461, qui explique si naturellement le vœu de reconnaissance *vive le Roi Loïs*, fournit en faveur de notre interprétation un argument à l'évidence duquel il me semble impossible de résister.

Cette explication rend notre monument moins ancien de 20 ans, que l'inscription ne paraît l'indiquer; mais elle le place à l'époque où il a dû naturellement être érigé et porter les inscriptions que nous y lisons. J'ajouterai qu'il n'a pu l'être en 1441, puisque Charles VII régnait encore, et qu'il y a lieu de croire que Claude Dulys n'était pas établi à Domremy; car il vivait en 1438, et il était marié, comme l'indiquent les deux écussons. En lui donnant seulement alors 25 ans, il aurait eu 70 ans en 1490, et n'eût probablement pas conservé son beau-père jusqu'à cette époque, comme le prouve l'histoire, à moins de faire de ce dernier un centenaire.[1] J'ajouterai à ces raisonnements que la première réhabilitation de Jeanne d'Arc n'eut lieu qu'en 1456, et qu'il est peu probable que ses parents eussent osé avant cette époque exposer aux yeux d'un public prévenu les titres de sa gloire.

Domremy avait encore conservé d'autres monuments à l'honneur de son héroïne. La tradition a conservé jusqu'à nous l'histoire d'une chapelle, appelée Notre-Dame de la Pucelle, placée dans l'église de ce village; les cendres de plusieurs de ses descendants qui y reposaient, la fesait aussi appeler la chapelle des Dulys. Claude Dulys, curé de Domremy et de Greux en 1550, y fut enterré, comme il est prouvé par son testament.[2] La restauration de cette église en 1600 et les fureurs révolutionnaires ont fait disparaître la plus grande partie des épitaphes, des inscriptions et des armoiries qui constataient ces faits. Cependant les

[1] Recueil de Charles Dulys, page 20.

[2] Charles Dulys, page 20.

deux colonnes qui décorent l'autel principal conservent encore deux écussons aux armes des Dulys, por-
tés par deux génies assis sur leurs chapitaux. Le travail en est faible, et leurs proportions lourdes indiquent assez leur origine. C'est probablement encore
dans cette chapelle que se voyait autrefois la figure
placée par M.ʳ Gérardin, au-dessus du ceintre de la
porte de la maison de Jeanne d'Arc. Ceux qui ont
visité le monument avant sa restauration, se souvien-
nent de l'avoir vu surmonté d'une figure mutilée,
dont les planches lithographiques de M.ʳ Laurent ont
exactement conservé l'aspect. ¹ Quoiqu'elle fût alors
engagée dans la maçonnerie et qu'elle ne se montrât que
de face, on ne pouvait méconnaître une guerrière à
genoux ; mais le peu de convenance de cette figure
avec le monument au-dessus duquel elle était placée,
fesait facilement juger qu'elle ne lui avait pas été destinée. On a retrouvé sans peine la place du ceintre
ajusté à la porte d'entrée de la nouvelle maison du
sieur Gérardin ; mais celle de la figure dont nous parlons, ne s'est retrouvée nulle part. Depuis qu'elle a
été dégagée de la maçonnerie, sa position à genoux
a prouvé ce qui n'était auparavant qu'une simple con-
jecture, qu'elle avait appartenu à un monument religieux, à un oratoire où elle était probablement
devant une image de la Ste. Vierge, en qui on sait
que durant sa vie elle avait une si grande confiance.

A défaut de renseignements positifs pour déterminer avec exactitude l'oratoire où se voyait cette
figure de l'héroïne, nous pensons que de simples

¹ Vues pittoresques des Vosges, voyage à Domremy ; chez
l'auteur, rue du Phot, à Paris,

conjectures suffisent pour la considérer comme ayant
appartenu à la chapelle des Dulys. La convenance,
les indices qui existent encore dans les deux génies
porteurs des armoiries de cette famille, et sur-
tout la possession du sieur Gérardin, nous semblent
confirmer cette opinion. Comment en effet aurait-
elle été entre les mains du dernier propriétaire de la
maison des descendants du père de l'heroïne, si ce
n'eût été comme successeur de ceux qui, lors de la dé-
vastation de la chapelle, l'ont retirée de l'église pour
la conserver dans leur maison, avec laquelle elle est
passée, par l'intermédiaire des derniers Dulys morts à
Domremy, aux prédécesseurs du sieur Gérardin père?
Quelle que soit au reste l'origine de cette statue, elle
fesait certainement partie d'un monument élevé à la
gloire de l'héroïne et destiné à rappeler ses traits,
ses exploits et ses vertus.

Je n'examinerai pas si cette figure est la représentation de l'illustre Jeanne, parce que l'opinion générale
et la tradition suffisent pour le prouver, et que sa description dissiperait tous les doutes, s'il pouvait en
exister encore. La conformité des traits qu'elle nous
offre avec ceux que l'histoire attribue à Jeanne d'Arc,
nous serait au reste d'un faible secours pour parve-
nir à cette détermination, à cause des ravages du temps
et de la barbarie. Mais son âge, son sexe, son costume,
et le lieu où elle se trouve, offrent un ensemble
de circonstances qui ne peuvent convenir qu'à cette
fille célèbre. Quelle autre en effet pourrait être représentée à l'âge de 18 à 20 ans dans le costume du siècle de
Charles VII, telle enfin qu'on la voyait autrefois sur
le pont d'Orléans aux pieds d'une vierge de douleur,

en face du prince dont elle avait affermi la couronne ? Sa ressemblance avec la figure gravée au frontispice de l'ouvrage de Jean Hordal et imprimé à Pont-à-Mousson en 1612, est si parfaite, qu'elle semble dessinée d'après notre statue. Elle est à genoux et les mains jointes, ce qui se reconnaît très-bien, quoique les avant-bras soient détruits ainsi que les jambes. Ses traits, malgré les altérations qu'elle a éprouvées, sont distinctement ceux d'une jeune fille, ses cheveux épars sur ses épaules descendent à flots ondoyants jusqu'en bas des reins. Son col est garni d'une fraise à larges godrons, et sa poitrine, couverte d'une cuirasse, dont l'autre pièce se voit par derrière ; tout son corps est enveloppé d'un vêtement qui se distingue à la base du col. Ses bras sont armés de brassards articulés, qui se joignent à la cuirasse et s'étendent de l'épaule à l'avant-bras.

Les cuisses, dont la forme et le volume caractérisaient son sexe, sont aussi recouvertes de lames articulées dont les premières pièces sont liées à la cuirasse par des agrafes. Les jambes étaient défendues par des armures formées de deux pièces comme celles des avant-bras. Enfin, son épée était portée par une espèce de baudrier large et court, pourvu d'un grand nombre de courroies et de boucles, suspendu par un crochet à un anneau fixé au bas de la cuirasse. Une lanière arrêtée au côté droit traverse la cuisse gauche et empêche l'épée de se porter en avant. Les hauts-de-chausses très-larges sont plissés par derrière et serrés par une double bride liée aux armures. La hauteur de la figure, mesurée du sommet de la tête aux genoux, est de 74 centimètres ; d'où l'on peut conclure qu'elle

avait un peu plus d'un mètre. Le travail en est généralement bon et d'un ciseau hardi : le sculpteur a exécuté avec un soin extrême les plus petits détails du
costume qui sont très-bien rendus.

Il ne nous reste maintenant qu'à déterminer l'époque à laquelle on peut reporter l'origine de cette statue.
Sa ressemblance avec la figure qui, dans le monument du
pont d'Orléans, représentait l'héroïne, nous donne lieu
de croire qu'elle est une copie de cet ouvrage, et que
par conséquent elle ne peut être antérieure à l'époque
de l'érection de ce monument de la reconnaissance de
Chrles VII. On sait que ce pont a été, à deux époques
éloignées de plus d'un siècle, décoré de deux monuments
semblables pour la composition générale, mais diffé-
rents pour les détails. Le premier, en 1458, fut dégradé
pendant les guerres civiles, et rétabli au moyen d'une
nouvelle fonte en 1571. La différence entre le costume
de notre figure et celui de l'héroïne dans le second de
ces monuments, et sa ressemblance parfaite avec celle
qui se voyait dans le premier, dont l'ouvrage de Jean
Hordal nous a conservé le dessin, ne peuvent laisser
de doute qu'elle ne soit copie de ce premier mouu-
ment ; et que par conséquent son origine peut remonter
à une année voisine de 1458. Pour la reculer au-delà
de cette époque, il faudrait la considérer comme ori-
ginale ; ce que sa ressemblance parfaite avec la figure
de l'héroïne gravée au frontispice de l'ouvrage de Hordal ne permet pas de croire. D'après cette détermination, comme cette statue a sans doute été érigée
par quelque descendant de la Pucelle d'Orléans, nous
croyons pouvoir l'attribuer à Claude Dulys, curé de
Domremy, à raison de l'affection qu'il avait pour la

chapelle des Dulys, à l'entretien de laquelle il avait destiné sur son patrimoine une rente perpétuelle.

La modicité de la fortune des parents et des compatriotes de Jeanne d'Arc ne leur a pas permis de lui consacrer des monuments somptueux ; mais, comme nous l'avons annoncé précédemment, ils n'ont pas moins que nous fait éclater leur admiration et leur attachement à la mémoire de cette fille célèbre, en donnant son nom à différentes parties de leur territoire et aux objets remarquables qui s'y rencontraient. Les monuments de cette espèce, dont la nature fait la dépense et garantit la durée, seraient peut-être préférables à ceux que l'art produit à grands frais. Ils rendraient historique tout ce qui nous environnerait, et ouvrant le champ le plus vaste à l'émulation publique, ils rivaliseraient avec les produits de l'imagination des Grecs qui avaient peuplé la terre de génies et de divinités bienfaisantes. Les habitants de Domremy ont autrefois donné le nom de Jeanne d'Arc à un canton de vignes situées près des ruines de la chapelle nommée dans le pays Notre-Dame-de-Beaumont, où l'on dit qu'elle fesait habituellement sa prière. Ce canton est encore aujourd'hui connu sous cette dénomination ; ils l'ont donnée aussi à une fontaine située près de ces vignes et au-dessous du Bois-Chenu.

Ce sont là tous les monuments qui se trouvaient à Domremy. On assure qu'il en existait aussi dans l'église de Greux ; mais sa reconstruction et les excès de la révolution les ont fait disparaître. La ville de Vaucouleurs, qui fournit à l'équipement de l'héroïne lorsqu'elle obtint de sire de Beaudricourt l'autorisation d'aller joindre le Dauphin, et qui depuis sa mort

a été constamment habitée par les descendants de
Jean Dulys, l'un de ses frères et prévôt de cette Ville,
ne lui a érigé aucun monument matériel. Mais la vénération que ses habitants ont toujours eue pour sa
mémoire et l'honneur qu'ils se sont justement attribué
d'avoir puissamment concouru aux succès de sa mission
héroïque, sont une espèce de monument non moins
durable ni moins honorable que ceux construits par la
main des hommes. A l'origine de nos dissensions civiles, lorsque les Français sentirent simultanément la
nécessité de s'armer pour protéger l'ordre social contre
les fauteurs de l'anarchie, la Garde nationale de Vaucouleurs avait fait frapper sur ses boutons d'uniforme
les armoiries de la famille de Jeanne, conservées jusqu'à
cette époque sur la façade de la maison des Le Picard-
Dulys dits d'Arbamont. Plusieurs hôtelleries ont conservé pour enseigne l'image de la Pucelle d'Orléans.
Quant à la maison où elle passa le peu de temps qui
précéda son départ et dont le nom de l'hôte est conservé dans son histoire, il ne reste à cet égard aucun
renseignement certain.

Près du village de Naives-en-Blois, situé dans l'arrondissement de Commercy, département de la Meuse,
éloigné de Vaucouleurs de deux lieues, nous trouvons
encore un de ces monuments populaires qui, conservé
par une tradition non interrompue, nous montre le
chemin qu'elle suivit pour éviter les rôdeurs Bourguignons qui infestaient le pays voisin de Vaucouleurs.
Ce chemin, qui porte encore maintenant le nom de
voie de Pucelle, parfaitement d'accord avec l'itiné-

raire tracé par Mr Beriat-St.-Prix, [1] nous prouve qu'en sortant de cette Ville, elle se porta avec sa petite troupe composée de Pierre d'Arc son jeune frère, du sieur de Novellempont dit de Metz, de Bertrand de Polengy et de leurs écuyers, par Sept-Fonds à Sauvoy en suivant le chemin de son nom ; que de là, pour se rendre à St.-Urbain, elle dut passer l'Ornain vers l'abbaye d'Évaux et suivre le val d'Ormanson, qui la conduisit, toujours couverte par les bois, vers Saudron, à trois lieues de l'abbaye de St.-Benoît, où elle termina sa première journée.

Toul, la plus ancienne, et à cette époque la plus importante des villes voisines de la patrie de Jeanne, avait aussi consacré à sa mémoire un monument religieux. Il se voyait dans l'édifice remarquable qu'elle doit à la piété de ses anciens évêques et au zèle de ses ancêtres. Mais la fureur des révolutionnaires iconoclastes, qui brisèrent au palais du Gouvernement à Nancy [2] les bustes des divinités de la Fable, comme des simulacres de l'aristocratie, s'était déployée d'abord contre les images des saints et des héros qui décoraient l'église cathédrale de cette Ville. Le monument de Jeanne d'Arc ne fut pas épargné : il avait été érigé par Claude Hordal, prieur commandataire de Bleurville, archidiacre de Port et grand-doyen du

---

[1] Coup-d'œil sur les révolutions de France au temps de Charles VII, et sur-tout de la Pucelle d'Orléans, avec l'itinéraire des expéditions de Jeanne d'Arc.

[2] Horde de brigands qui, après avoir employé leurs bras au massacre du 2 septembre, ravagèrent nos provinces en se rendant à l'armée, où ils ne se distinguèrent que par leur lâcheté.

Chapitre de la cathédrale de Toul [1]. Il se composait d'une statue de même taille et en tout semblable à celle dont nous avons donné la description à l'article de Domremy. Elle était placée sur une console fixée au deuxième pilier de la chapelle de la Visitation. On voit encore les liens de fer qui ont servi à la soutenir ; mais tout le reste a disparu. A genoux, les mains jointes et dans l'attitude de la prière, elle regardait le sanctuaire vers lequel elle semblait adresser à l'esprit qui anime les héros les témoignages de sa reconnaissance. Claude Hordal ayant été grand-doyen vers le milieu du 16ᵉ siècle, il y a lieu de penser que cette statue était de cette époque, et copie, comme celle-ci, de la figure qui se voyait sur le pont d'Orléans : la destruction de ce monument nous empêche de faire des recherches plus étendues.

Si j'avais formé le plan de parler de tout ce qui peut avoir trait à l'histoire de Jeanne d'Arc, je rappellerais ici les oratoires, les épitaphes, les inscriptions et les armoiries établies et consacrées par les différentes familles issues de ses frères et fixées dans notre province. Je décrirais les monuments érigés à Gibaumé par les Dulys dont le nom est devenu Dalys ; à Vaucouleurs, par les Le Picart-Dulys ; à Toul, par les Hordal, et à Bonnet par les Haldat, tous descendants de Pierre d'Arc dit le chevalier Dulys. Mais comme ces monuments avaient moins pour objet l'héroïne

[1] Il était fils d'Étienne Hordal qui épousa Henriette Dulys, fille de Pierre d'Arc, et par conséquent neveu de Georges Haldat époux de la plus jeune des filles du même Pierre d'Arc. *Histoire ecclésiastique et politique de la ville de Toul, par le Père Benoît,* page 513.

elle-même, que les familles ci-dessus nommées ; je me
contente de les indiquer ; et je terminerai par la description d'un autre monument qui me semble digne
de figurer au nombre de ceux que j'ai rassemblés
dans cette notice.

Ce monument est un portrait originairement possédé
par les Le Picart-Dulys et maintenant entre les mains
de Jean-Baptiste-Alexandre de Haldat Dulys, mon frère
cadet, auquel il a été légué par les dames D'Arbamont, derniers descendants de Jean Dulys, second
frère de Jeanne, dont la famille s'est éteinte à Vaucouleurs en 1812. Les traits d'un personnage aussi célèbre
que notre héroïne seraient si précieux à conserver, et
les monuments anciens et authentiques sont si rares,
que dans l'incertitude où nous sommes de posséder la
véritable ressemblance, on ne doit négliger aucune
des effigies dans lesquelles on peut espérer d'en retrou-
ver des traces. Le costume de Jeanne d'Arc, dans ce
portrait en buste, est analogue, mais non semblable à
celui qu'on lui donne communément et qui se voit en
tête de l'ouvrage du professeur Hordal et à l'hôtel-de-
ville d'Orléans. Ses traits sont ceux d'une femme de
vingt ans, agréables sans être d'une extrême régularité ;
ils conservent d'une manière évidente le caractère de
physionomie qui distingue la population de l'ancienne
Lorraine dans la partie voisine du lieu de sa naissance. Elle a le teint d'un brun clair, blanc sans
être très-coloré ; ses yeux sont bruns, indécis et coupés à la Persane ; ses sourcils châtains sont bien dessinés ; son front est élevé, le nez bien proportionné et
assez mince ; la bouche petite et bien bordée, et le
menton pointu ; l'ovale qui circonscrit sa figure est

allongé et agréable ; enfin tous ses traits portent l'em-
preinte d'une douce mélancolie. Elle est coiffée d'une
toque de velours ponceau tailladée, godronnée et ornée de plumes blanches ; dans son ensemble, bien
différente de celle du tableau d'Orléans. Ses cheveux
châtain-clair descendent sur sa poitrine qui est couverte d'une cuirasse décorée de bronze doré. Sa robe
est amaranthe, les épaules sont ornées de têtes de
lion, et sa main gauche, la seule qui se voie, est
armée d'une épée sur laquelle le peintre s'est inscrit en
très-gros caractères.

Le nom de l'artiste, très-connu dans l'histoire de
Lorraine, ne peut laisser de doute sur l'origine de ce
tableau. Deruet qui en est l'auteur, ayant vécu depuis
la fin de 1500 jusqu'en 1680, nous connaissons appro-
ximativement l'époque à laquelle on doit le placer ; et
quoique cette époque soit déjà éloignée de celle où
Jeanne d'Arc a vécu, les réflexions auxquelles nous
sommes conduits par son examen, nous le font considérer comme digne de l'attention publique. Les diffé-
rences extrêmes dans le costume nous prouvent d'a-
bord qu'il n'est copie d'aucun de ceux si souvent
reproduits par la gravure ; et comme il ne peut être
original, nous avons lieu de présumer qu'il est la répétition d'un portrait plus ancien qui nous a conservé
les traits de l'héroïne. S'il était le produit de la seule
imagination du peintre, on doit penser que se livrant
à son inspiration, il aurait donné à son héros, comme
l'ont fait d'autres artistes, un caractère idéal propre à
le distinguer ; au lieu que cette image n'a rien qui dif-
fère d'un portrait ordinaire, si ce n'est le costume
dont les ornements sont peints avec la fierté qui carac-

térise le pinceau de cet élève de Tempeste et du Jo-
sepin. La conformité qui se trouve entre les traits
qu'il nous offre et ce que les historiens nous ont
transmis sur ceux de Jeanne d'Arc ' ; enfin son
origine doit le rendre recommandable. Donné à la
famille des Le Picard–Dulys, comme une faveur, par
le bon duc Henry II et soigneusement conservé jusqu'à ce jour, on a lieu de penser que s'il n'eût été
considéré que comme une représentation mensongère,
il n'eût pas semblé digne de rester entre les mains des
descendants de cette héroïne, et sur-tout dans une
ville où les aïeux de ceux qui le reçurent, pouvaient
avoir vécu avec les contemporains de l'illustre fille de
Jacques d'Arc.

' Les renseignements puisés dans les papiers de
famille des Le Picard–Dulys et les documents historiques tirés des monuments qui existaient à Gibaumé,
village situé à deux lieues de Vaucouleurs, nous
apprennent que ce tableau a été donné par Henry II,
duc de Lorraine, à Jacques Dalys, Exempt des

' « Elle avait, dit M.ʳ Lebrun-Descharmettes, le front moyen,
« les yeux grands, fendus en amande, les prunelles d'une couleur
« indécise, entre le brun et le vert, couleur particulière aux bru-
« nes-claires; le regard mélancolique et d'une douceur inexprima-
» ble, les sourcils finement dessinés, le nez droit, bien fait, un
» peu mince, la bouche extrêmement petite, les lèvres vermeilles;
« le creux formé entre le menton et la bouche était marqué; le
« menton petit. Elle avait le tour du visage beau, le teint d'une
« grande blancheur; ses cheveux, d'un beau châtain-clair, étaient
« longs et coupés à la manière des guerriers, et retombaient avec
« grâce sur ses épaules ».

Gardes de son Prince. Nous conservons l'épitaphe de ce descendant de Jean Dulys, prévôt de Vaucouleurs, copiée long-temps avant sa destruction. [1]

' ÉPITAPHE

De feu M.ʳ DALYS, *vivant Seigneur de Gibaumé, Exempt des Gardes de feu Son Altesse. Il décéda le 7 février 1616.*

> Ce nourrisson de Mars, dès l'avril de son âge,
> En mille et mille lieux témoigna son courage ;
> Aimé de ses voisins, des plus grands estimé,
> Pour ses grandes vertus il fut tant renommé,
> Ès pays étrangers, et même en sa province,
> Qu'enfin il fut Exempt des Gardes de son Prince,
> Et fit bien reconnaître, en cette qualité,
> Sa valeur, sa prudence et sa fidélité.
> Descoucher, comme ami et témoin de sa gloire,
> Fit graver, afflige ces vers à sa mémoire.

FIN.

TABLE.

FIN DE LA TABLE.

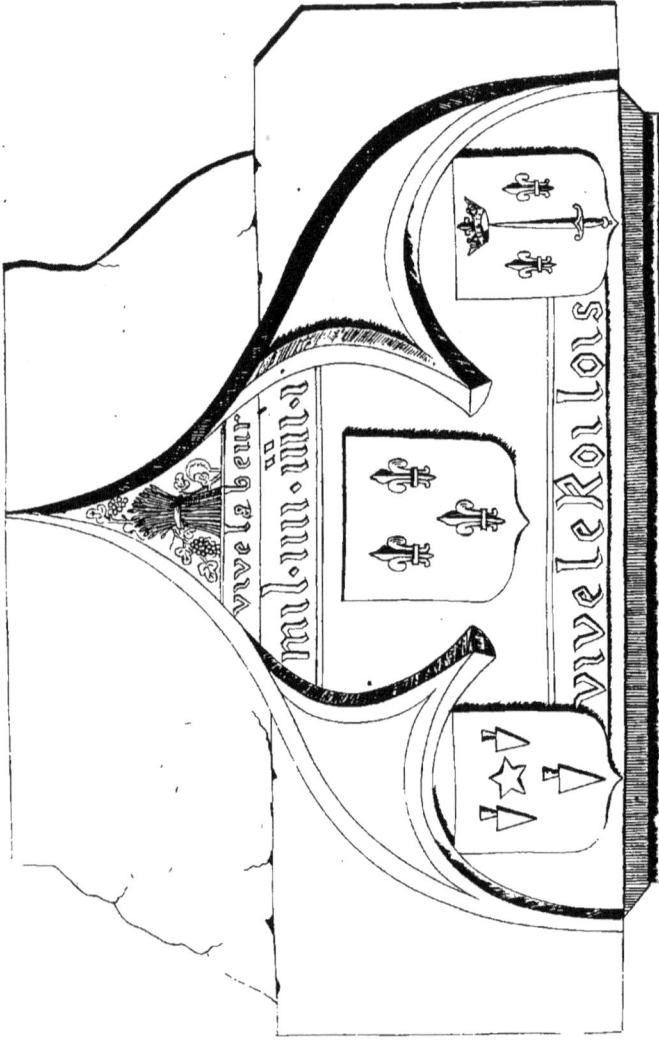

Monument de Dom-Remy.

vive le Roi les Lois

vive la heur

MIL · VIII · XIII

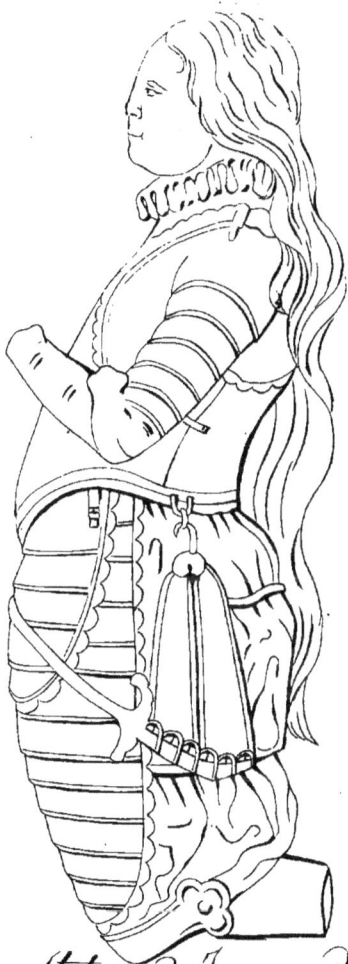

ancienne Statue de Jeanne d'arc
a Dom Remy

www.ingramcontent.com/pod-product-compliance
Lightning Source LLC
Chambersburg PA
CBHW052055270326
41931CB00012B/2763